Intermediate Spanish Short Stories

Take Your Vocabulary and Culture Awareness to the Next Level

Free Bonuses from Cecilia Melero

Hi Spanish Learners!

My name is Cecilia Melero, and first off, I want to THANK YOU for reading my book.

Now you have a chance to join my exclusive Spanish language learning email list so you can get the ebooks below for free as well as the potential to get more Spanish books for free! Simply click the link below to join.

P.S. Remember that it's 100% free to join the list.

Access your free bonuses here:

https://livetolearn.lpages.co/intermediate-spanish-short-stories-paperback/

Table of Contents

Introduction

¡Hola! Are you an intermediate Spanish speaker who wants to learn more vocabulary in a fun way? Have you understood Spanish grammar so far but can't seem to memorize long lists of words? Do you want to read real conversations that show you how the language is spoken? Well, then, you've got the perfect book in your hands!

With this intermediate-level book of short stories, you will be able to learn Spanish in the most entertaining way! Throughout, we will focus on a group of friends, their interests, problems, plans, and daily life so that you can see how native speakers really use the language.

Learning a new language doesn't have to be boring. With this book, you will learn by reading stories with real-life dialogues in Spanish! But this isn't merely a collection of short stories; you will find everything you need to understand the gist of the story and the words included in it.

In each chapter, you will find the story, a vocabulary list with all the words that may be unfamiliar to you at this level, a summary of the story in Spanish, and a summary of the story in English. Additionally, you will get a short quiz to complete and some reading comprehension questions to check your understanding – and even some interesting facts about Spain!

With all of this information in each chapter, we recommend that you first read the story in its entirety, then pay attention to the vocabulary list and look up any unfamiliar words to you. Then, read the story again with the vocabulary in mind, paying attention to how the new words are used in context. Then, you can go on to read the summary of the story in Spanish to make sure you've understood things correctly and focused on the important parts.

After all of this, you can move on to the exercises and comprehension questions that will tell you whether or not you have understood the story. After you've finished the exercises and questions, check your answers using the answer key from Appendix I. If your results aren't what you hoped for, try reading the story in Spanish again and then the summary in Spanish and English. After this second read-through, you can try doing the exercises again to learn if your comprehension has improved. You will also be able to find an English translation of all short stories in Appendix I in case you need them.

Finally, before moving on to the next chapter, read the "Did you know...?" section to learn a bit more about Spanish culture and some fun facts.

Now that you're ready to make the most out of this book, how about getting started? *¡Comencemos!*

Chapter 1: ¡Bienvenido a España! - Welcome to Spain!

Story in Spanish: La confusión

Santiago Martínez llega al aeropuerto de Badajoz a las ocho de la mañana. Lo acompañan sus padres, su hermana menor y su mejor amigo, Luis. Están algo **ajustados de tiempo**, así que caminan rápidamente y llegan hasta el mostrador para **despachar** el **equipaje** de Santiago. Luego, se dirigen hacia la puerta catorce, que es desde donde sale el **vuelo**.

- Bueno, hijo, **¡que tengas un buen viaje!** - dice el señor Martínez y le da un cálido abrazo - . Estudia mucho... Pero también diviértete. Haz buenos amigos.

- ¡Pero no me cambies por otro amigo! - le dice Luis, sonriente, y le entrega un papel doblado - . Toma, aquí tienes un mapa de Madrid. He marcado en él los lugares más emblemáticos de la ciudad. Te extrañaré. Iré a visitarte en cuanto pueda.

- Os espero en Madrid a todos - responde Santiago - . Beatriz, mi nueva **compañera de vivienda**, me ha enseñado algunas fotos del **piso**. Es muy grande. Hay una **habitación para invitados**, así que podéis venir a visitarme cuando queráis. - Santiago se da media vuelta y se dispone a saludar a su madre... ¡que está hecha un mar de **lágrimas**! - . ¡Mamá, no **llores**!

- Lo siento, cariño – dice la señora Martínez. Su maquillaje se ha corrido. Es que has crecido tan rápido... No puedo creer que te estés **marchando** a estudiar una carrera a la gran ciudad.

Santiago abraza a su madre y luego a su hermana menor.

- ¡Adiós! – dice Santiago. Mira por última vez a su familia, con una sonrisa, y le entrega su **pasaje** a la empleada de la **aerolínea**.

El viaje en avión es sorprendentemente corto, de unos cuarenta y cinco minutos. Santiago apenas ha leído unas cuantas páginas de su libro (uno sobre dinosaurios que le ha regalado Luis), cuando el capitán anuncia por **altavoz**:

- **Damas y caballeros**, aterrizaremos en el aeropuerto internacional de Madrid-Barajas en diez minutos. La temperatura fuera es de veinte grados centígrados, con **cielo despejado**. Muchas gracias por volar con nosotros.

Barajas es... *enorme*. Un poco **aturdido**, arrastrando su pesada **maleta** y con una gran **mochila** en su espalda, Santiago se abre paso entre las personas que corren para no perder su vuelo. Un rato después, encuentra una gran puerta de cristal que da al exterior. Cuando sale, ve una **fila** de taxis blancos esperando y se sube a uno.

- Buenos días – saluda Santiago – . Tengo que ir a la calle Rosas, número 56.

- Vale – responde el **taxista**, y comienza a **conducir** - . ¿Vienes de muy lejos?

- De Montijo, un pequeño pueblo cerca de Badajoz – le explica Santiago.

- Eres muy joven. Pareces tener la edad de mi hija. Supongo que vienes a estudiar.

- Así es. He venido para estudiar Paleontología en la Universidad Central de Madrid.

- ¿Paleontolo... qué?

- Es la ciencia que estudia los fósiles.

- Entonces, ¿descubrirás dinosaurios? – pregunta el taxista.

- Bueno, ¡eso espero!

- Qué interesante. Mi hija también comenzará a estudiar en la Universidad Central de Madrid este año. Estudiará **Bibliotecología**. Casi tan emocionante como descubrir dinosaurios.

- Bibliotecología era mi segunda opción - responde Santiago - . ¡Me encanta leer!

- Os llevaríais bien - responde el taxista.

El taxista sigue conduciendo por las calles de Madrid y Santiago mira por la ventana. Son las diez de la mañana y la ciudad está en su momento de mayor actividad. Las calles están **llenas de gente**. Todos caminan **con prisa**, como si estuvieran **llegando tarde** a algún sitio. La arquitectura de los edificios es bellísima.

Entonces, Santiago se da cuenta de que algo anda mal. Hace casi **media hora** que está en el taxi. Según sus **cálculos**, el viaje desde el aeropuerto hasta su nueva casa era mucho más corto. Además, está **atravesando** el **centro de la ciudad**, y se suponía que no era necesario.

El taxista **detiene** el **coche** frente a un **edificio** enorme. Ese lugar no tiene absolutamente nada que ver con lo que él ha visto en las fotos que le ha enviado Beatriz, su futura compañera de piso.

- Bueno, hemos llegado - dice el taxista.

- ¿Está seguro de que es aquí? - pregunta Santiago, nervioso. ¡Lo último que quiere es perderse en una de las ciudades más grandes de Europa nada más llegar!

- Sí: calle Rosas, número 56.

Santiago paga y se baja del taxi, que se aleja calle arriba. **Alza** la cabeza y contempla el edificio, que debe tener unas veinte **plantas**. Definitivamente, está en el lugar incorrecto. Entonces, decide sacar su **móvil** del **bolsillo** y llamar a Beatriz.

- ¡Hola, Beatriz! Soy Santiago Martínez.

- ¡Ah, mi nuevo compañero de piso! - dice Beatriz de buen humor - . Te estoy esperando. ¿Está todo bien? Pensé que llegarías más **temprano**.

- Sí... Bueno, en realidad no. Creo que le he dicho mal la **dirección** al taxista.

- ¿Dónde estás?

- En la calle Rosas, número 56.

Del otro lado del teléfono, Beatriz suelta una carcajada:

- ¡Estás en la otra punta de la ciudad!

– ¿Cómo?

– La dirección del piso es calle Ríos Rosas, número 56.

– ¡No puede ser! ¿Y ahora qué hago?

Santiago mira su equipaje. Atravesar toda la ciudad con una mochila **pesadísima** y una maleta a cuestas no es muy tentador... pero no tiene otra opción.

– Descuida, iré a buscarte en mi coche – le dijo Beatriz, divertida – . Llegaré en media hora.

– Vale. Muchas gracias, Beatriz. Nos vemos.

Santiago suspira y se sienta en el **cordón de la acera** a esperar. Está un poco **avergonzado**, pero ¡por suerte Beatriz parece muy simpática!

Vocabulary List

Español	Inglés
ajustado / ajustada de tiempo	short on time
despachar	to drop off
el equipaje	luggage
el vuelo	flight
¡Qué tengas un buen viaje!	Have a nice trip!
la compañera / el compañero de vivienda / piso	roommate
el piso	apartment
la habitación para invitados	guest room
la lágrima	tear

llorar	to cry
marcharse	to leave
el pasaje	ticket
la aerolínea	airline
el altavoz	speaker
damas y caballeros	ladies and gentlemen
el cielo despejado	clear sky
aturdido / aturdida	stunned
la maleta	suitcase
la mochila	backpack
la fila	row
el / la taxista	taxi driver
conducir	to drive
Bibliotecología	Librarianship
lleno / llena de gente	filled with people
con prisa	hurriedly
llegar tarde	to be late

la media hora	half an hour
el cálculo	estimate
atravesar	to go through
el centro de la ciudad	city center
detener	to stop
el coche	car
el edificio	building
alzar	to lift
el móvil	mobile phone
el bolsillo	pocket
temprano	early
la dirección	address
pesadísima / pesadísimo	really heavy
el cordón de la acera	sidewalk curb
avergonzado / avergonzada	embarrassed

Summary of the Story in Spanish

Santiago Martínez vive en Montijo, un pueblo cerca de Badajoz, pero viaja en avión a Madrid para estudiar Paleontología en la Universidad Central de Madrid. Cuando llega al aeropuerto Madrid-Barajas, toma un taxi y le dice al taxista la dirección del piso que compartirá con una chica llamada Beatriz. Cuando llegan a la dirección, Santiago se baja del taxi, pero está seguro de que ese no es el lugar correcto, así que llama a Beatriz. ¡Santiago se ha equivocado de dirección y está al otro lado de la ciudad! Por fortuna, Beatriz se ofrece a ir a buscarlo hasta allí en coche y Santiago se sienta a esperarla.

Exercises

1. Cuando llegan al aeropuerto, Santiago y su familia corren porque...

   a. está lleno de gente.

   b. están ajustados de tiempo.

   c. no quieren perder el tiempo.

2. ¿Cuál de las siguientes frases es correcta?

   a. ¡Qué tengas un bien viaje!

   b. ¡Qué tengas un viaje buen!

   c. ¡Qué tengas un buen viaje!

3. Completa las siguientes oraciones:

   a. Luis es el mejor _____ de Santiago.

   b. Beatriz es la compañera de _____ de Santiago.

   c. Luis sube a un _____.

4. ¿Qué ve Santiago por la ventana? Elige la respuesta correcta.

   a. Las calles vacías.

   b. Gente caminando lento.

   c. Edificios bellísimos.

5. ¿A cuál de estas direcciones tenía que ir Santiago?

   a. Calle Ríos Rosas, número 56.

   b. Calle Rosas, número 56.

   c. Calle Rozas, número 56.

Comprehension Questions

1. ¿Quiénes acompañan a Santiago al aeropuerto?

2. ¿Dónde vivirá Santiago en Madrid y con quién?

3. ¿Qué estudiará Santiago?

4. ¿Qué hace Santiago cuando se da cuenta del error?

5. ¿Cómo irá Beatriz a buscar a Santiago?

Summary of the Story in English

Santiago Martínez lives in Montijo, a town near Badajoz, but he flies to Madrid to study Paleontology at the Universidad Central de Madrid. When he gets to Madrid-Barajas airport, he takes a taxi and tells the driver the address of the apartment he will share with a girl named Beatriz. When they arrive at the address, Santiago gets out of the taxi, but he is certain that it isn't the right place, so he calls Beatriz. Santiago had the wrong address and is on the other side of the city! Luckily, Beatriz offers to pick him up there by car, and Santiago sits down to wait for her.

Did you know...?

Spanish is the official language of Spain, and it is the most widely spoken language in the country. However, some of the autonomous communities that make up Spain have other co-official languages: Catalan and Aranese in Catalonia, Basque in the Basque Country, Valencian (a variety of Catalan) in the Valencian community, and Galician in Galicia. In addition to the official languages, Spain also has many non-official languages spoken in different regions: Aragonese in Aragon, Asturian in Asturias, and Leonese in Castile and Leon.

Lastly, in Spain, there are also many dialects like Andalusian, Canarian, Cantabrian, Eonavian, Benasquese, Fala, and Extremaduran. In fact, since Santiago comes from Montijo, which is in the autonomous community of Extremadura, he speaks the Extremaduran dialect, which would be noticeable, above all, in his pronunciation.

Chapter 2: Hogar, Dulce Hogar – Home Sweet Home

Story in Spanish: La compañera de piso

Beatriz es una chica muy carismática... ¡y **charlatana**! Ha estado hablando durante todo el viaje sin parar un segundo. Santiago se ha enterado de muchas cosas de su vida: tiene treinta años, está trabajando como **camarera** en un restaurante y ha nacido en Málaga. Vive en Madrid desde hace unos diez años.

– Este es el edificio – dice Beatriz, **aparcando** el coche frente al portal del número 56. Ríos Rosas es una calle hermosa, con **adoquines** y edificios bajos. Es **silenciosa**, a pesar de que hay una **transitada** avenida a pocos metros.

– Es un edificio muy **antiguo**, ¿no? – pregunta Santiago cogiendo sus maletas y mirando su nuevo hogar – . Diría que de la década del 20.

– No sé de qué década es, pero sí, es *muy* antiguo – confirma Beatriz – . El **ascensor** tiene un millón de años. A veces no funciona, así que espero que no te moleste subir tres pisos por las **escaleras** de vez en cuando. Bueno... casi siempre.

Santiago mira su pesadísimo equipaje. Está cansado y hambriento, pero solo tiene que hacer un esfuerzo más. Pronto, podrá desplomarse en su **cama** y descansar un rato.

- Supongo que no será un problema - responde al final.

Entre los dos, suben el equipaje por las escaleras. Finalmente, exhaustos, llegan hasta el apartamento.

- Bueno, ¡bienvenido a casa! - dice Beatriz.

La **sala** es **amplia** y **luminosa**. Hay un sofá grande de color rojo con muchos **almohadones encima**. **Enfrente**, hay un gran televisor. **Entre** el sofá y el televisor hay una **mesa de café** de estilo industrial. **Contra la pared**, hay una **estantería** con algunos libros. Por todos lados hay muchas plantas muy bonitas. Un poco más allá, hay una gran mesa de madera con cuatro sillas **alrededor**. **En el centro** de la mesa hay un enorme **florero**. También hay un pequeño **balcón** con vistas a la calle.

Todo está muy limpio y ordenado.

- Esta es la sala y el **comedor** - explica Beatriz - . Es mi parte favorita de la casa. Los jueves por la noche, aquí me reúno con mis amigos para ver películas. Así que, si no tienes otros planes, puedes unirte a nosotros. Esta semana toca noche de terror.

- ¡Me encantaría! - responde Santiago.

- Guay - dice Beatriz - . Bueno, sigamos. Voy a mostrarte el cuarto de baño.

- Espera. ¿Y ese **cuadro**? - Santiago está señalando una enorme pintura de estilo realista. Representa a una mujer de cabello negro y rizado y ojos grises y muy expresivos - . Es increíble. ¿Lo has comprado, o venía con la casa cuando la alquilaste?

- Ninguna de las dos cosas. Lo he pintado yo misma.

- ¡No puedo creerlo! ¿Eres pintora?

- Oh, claro que no. Es solo un **pasatiempo**. Un tonto pasatiempo, en realidad. No soy más que una aficionada.

- Yo creo que eres una excelente artista.

- Gracias - responde Beatriz.

Santiago puede ver que se está sonrojando.

- ¡De nada!

Beatriz se pone en marcha nuevamente. Le enseña a Santiago el **cuarto de baño**, que tiene una **ducha**, un **lavabo** y un **inodoro**, y luego lo conduce hasta la **cocina**. La cocina tiene un **microondas**, un **horno**, una **cafetera**, una **tostadora**, un **lavavajillas** y una **nevera**. Del otro lado de la cocina hay una pequeña **lavandería** que cuenta con una **lavadora** y una **secadora**.

- Bueno, creo que eso es todo - dice Beatriz.

- ¿Y mi **habitación**? - pregunta Santiago.

- ¡Oh, por supuesto! Lo había olvidado. Ven, sígueme.

Beatriz conduce a Santiago por un **pasillo**. Hay algunos otros cuadros, todos muy bonitos, colgados contra las paredes. Santiago se pregunta si estos también los ha pintado Beatriz. Finalmente, Beatriz abre la última puerta del pasillo.

- Este es tu dormitorio - dice Beatriz.

Es un ambiente pequeño, pero práctico: tiene una cama, un **escritorio** y un gran **armario**. Lo mejor de todo es que tiene una ventana desde la que se ve un bonito parque.

- Mi dormitorio está al lado. Hay dos habitaciones más. Una de ellas estará disponible para alojar a nuestras visitas. La otra será para otro compañero de piso. He puesto un anuncio en un foro de internet, y me han escrito unas cuantas personas... pero creo que ya tengo a la indicada. Vendrá este fin de semana.

- ¡Me muero de ganas por conocerla! - responde Santiago.

- Seguro nos llevaremos bien - dice Beatriz - . Una última cosa: debes saber que soy *demasiado* **ordenada**.

- ¿De verdad? - pregunta Santiago esperando que eso no sea un problema. No puede decirse que él sea desordenado, pero definitivamente no es un obsesivo del orden.

- Mi sugerencia es que mantengamos lo más ordenados posible los lugares comunes: la sala, la cocina y el cuarto de baño.

- Vale - responde Santiago.

- Por supuesto, no tienes que preocuparte por Lila. Yo me encargaré de comprar su alimento y de mantener su caja limpia.

- ¿Lila? - pregunta Santiago, desconcertado - . ¿Quién es Lila?

En ese mismo momento, un enorme gato blanco salta desde un mueble cercano y aterriza en los brazos de Santiago.

- ¡Mira, le has caído bien! - dice Beatriz.

Vocabulary List

Español	Inglés
charlatán / charlatana	chatty
el camarero / la camarera	waiter / waitress
aparcar	to park
el adoquín	cobblestone
silencioso / silenciosa	quiet
transitado / transitada	busy
antiguo / antigua	old
el ascensor	elevator
las escaleras	stairs
la cama	bed
la sala	living room
amplio / amplia	wide
luminoso / luminosa	bright
el almohadón	cushion
encima	on top
enfrente	in front of

entre	between
la mesa de café	coffee table
contra la pared	against the wall
la estantería	shelf
alrededor	around
en el centro	in the center
el florero	flower vase
el balcón	balcony
el comedor	dining room
el cuadro	painting
el pasatiempo	hobby
el cuarto de baño	bathroom
la ducha	shower
el lavabo	sink
el inodoro	toilet
la cocina	kitchen
el microondas	microwave

el horno	oven
la cafetera	coffee maker
la tostadora	toaster
el lavavajillas	dishwasher
la nevera	fridge
la lavandería	laundry room
la lavadora	washing machine
la secadora	drier
la habitación	bedroom
el pasillo	corridor
el escritorio	desk
el armario	closet
ordenado / ordenada	tidy

Summary of the Story in Spanish

Beatriz habla todo el camino hasta la casa y Santiago aprende más cosas sobre ella. Una vez que llegan, Beatriz explica que el ascensor no siempre funciona, así que tienen que subir por las escaleras. Beatriz le enseña a Santiago la sala, el comedor, el baño, la cocina, la lavandería y, al final, su dormitorio. Beatriz le explica que llegará otra compañera de piso el fin de semana y que es demasiado ordenada y quiere que mantengan las áreas comunes tan limpias como puedan. Santiago descubre que también vivirá con Lila, un gato.

Exercises

1. Señala el elemento que no pertenece a la sala:

   a. Estantería

   b. Inodoro

   c. Almohadones

2. ¿Dónde está la estantería?

   a. Enfrente del sofá

   b. En el centro de la mesa

   c. Contra la pared

3. ¿Cuál de estos objetos se puede encontrar en la cocina?

   a. Lavavajillas

   b. Ducha

   c. Escritorio

4. La habitación de Santiago es...

   a. Grande y espaciosa

   b. Pequeña y práctica

   c. Demasiado pequeña

5. ¿Quién es Lila?

   a. El gato de Beatriz

   b. La nueva compañera de piso

   c. La mejor amiga de Beatriz

Comprehension Questions

1. ¿Cómo es la calle Ríos Rosas?

2. ¿Qué hay entre la mesa y el televisor?

3. ¿Qué hace Beatriz los jueves por la noche?

4. ¿Cuál es el pasatiempo de Beatriz?

5. ¿Santiago es desordenado?

Summary of the Story in English

Beatriz talks all the way to the house, and Santiago learns more about her. Once they arrive, Beatriz explains that the elevator doesn't always work, so they take the stairs. Beatriz shows Santiago the living room, dining room, bathroom, kitchen, laundry room, and, lastly, his bedroom. Beatriz explains that another roommate will be arriving on the weekend and that she's too tidy and wants them to keep the common areas as tidy as possible. Santiago finds out that he will also be living with Lila, a cat.

Did you know...?

Of course, rent prices vary throughout Spain, but the average for a 4-bedroom apartment with the characteristics of Beatriz's is around 2,000 EUR / month, and the price per m2 in Madrid is around 13 EUR. However, it should be noted that Madrid is the most expensive city to live in, while Extremadura (where Santiago is from) is one of the cheapest areas.

In Spain, rental contracts usually last for five years, and the deposit shouldn't exceed two months' rent. As for the requirements, you will be required to present your work contract and last three payslips (or you will be asked to prove your financial means another way), your NIE (foreigner's identity number), and your passport. If you rent through an agency, you will be asked for a reservation fee equivalent to a month's rent (which the agency must return).

Chapter 3: Una Visita del Primo Pedro – A Visit from Cousin Pedro

Story in Spanish: ¿Cómo está la familia?

Beatriz abre los ojos. Anoche ha tenido que trabajar en el **turno nocturno** del restaurante, así que está muy cansada. Entonces, se da cuenta de que su móvil lleva sonando un buen rato. Mira la **pantalla del teléfono**: se trata de un número **desconocido**.

– ¿Hola? – pregunta, y **da un bostezo**.

– Hola, ¿hablo con Beatriz Gutiérrez? – pregunta la voz de un hombre desde el otro lado.

– Sí... ¿quién es?

– Soy Pedro – responde el hombre.

Beatriz hace un esfuerzo para pensar en quién es Pedro. Todavía sigue un poco dormida, pero está segura de que ninguno de sus amigos se llama así.

– Creo que estás equivocado – dice Beatriz, y se dispone a **colgar la llamada**.

Justo en ese momento, el hombre dice:

– ¡Pedro Gutiérrez! ¡Tu primo!

¡El primo Pedro! Por supuesto, no le ha **reconocido** la voz. No lo ve desde hace muchos años. Aunque los dos estaban muy unidos de pequeños porque tienen la misma edad, han **perdido contacto** cuando Beatriz se mudó de Málaga a Madrid.

– Primo Pedro, ¿cómo estás? – pregunta Beatriz – . ¿Está todo bien? ¿Sigues viviendo en Málaga?

– Sigo viviendo en Málaga, sí, aunque ahora estoy en Madrid. He venido por **negocios**. Tengo el vuelo de regreso a Málaga esta tarde, pero he pensado que podía visitarte antes de marcharme.

– Claro – responde Beatriz – . ¿Quieres **almorzar** en casa hoy?

– Excelente. ¿A la una **en punto**?

– ¡A la una en punto!

Beatriz cuelga la llamada y se levanta de la cama. Luego, va hasta la habitación de Santiago. El chico está sentado en su escritorio mientras lee un libro con el **ceño fruncido**, muy concentrado.

– Buenos días, Santi.

– ¡Hola, Bea! ¿Cómo estás?

– Muy bien. Oye, en algunas horas vendrá a comer Pedro, un primo a quien no veo desde hace algunos años. He pensado que puedo cocinar **ajoblanco malagueño**, una receta de mi abuela. ¿Te **apuntas**?

– Suena delicioso... pero no puedo – dice Santiago con tristeza – . Tengo que ir a la universidad. El **próximo** lunes comienzan las clases, así que tengo que **inscribirme** a mis **asignaturas**.

– Por supuesto – dice Beatriz – . Te guardaré una porción.

– Eso me encantaría – responde Santiago.

Poco después de que Santiago se vaya, **suena** el **timbre**. Desde el **telefonillo**, Beatriz le abre la puerta de la calle a su primo. Al minuto, aparece Pedro en la puerta del piso. Es un joven alto, con el cabello **bien peinado** y con un **pulcro** traje negro. Además, tiene un **maletín** en su mano. Es un **hombre de negocios**. ¡Todo lo contrario a Beatriz, que viste de forma muy **casual** y está llena de tatuajes!

– ¡Primo Pedro! – saluda Beatriz, y ambos se dan un breve abrazo – . No te he visto desde la **boda** de mi hermano Manolo. Ven, pasa. El almuerzo está servido. He hecho ajoblanco malagueño.

- ¡Como el que hacía la abuela! - dice Pedro, mientras se sienta a la mesa - . Siempre has sido una gran cocinera, prima.

- Jamás podría igualar la receta de la abuela - responde Beatriz con una sonrisa, sentándose también - . Bueno, cuéntame, Pedro. ¿Cómo estás?

- Bien, Bea. Sigo trabajando en el estudio de arquitectos. He venido a Madrid para reunirme con algunos inversores.

- ¿Y cómo está todo por Málaga?

- Muy bien. Tengo muchas novedades. ¿Recuerdas a María, mi **novia**? Bueno, vamos a casarnos en junio.

- **¡Enhorabuena!**

- Muchas gracias. Espero que puedas venir. Haremos una gran boda en la playa.

- Por supuesto. Allí estaré. ¿Y cómo están los **hijos** de tu **hermana** Sandra?

- **¡Preciosos** y **enormes!** - responde Pedro - . Andrés va a cumplir siete años pronto. **Habla hasta por los codos.** Está en esa etapa en la que pregunta absolutamente *todo* lo que se le ocurre. «Mamá, ¿por qué debo comer verduras?», «mamá, ¿cuánta sal hay en el mar?». - Pedro y Beatriz ríen a carcajadas - . La pequeña Fernanda cumplió cinco años el mes pasado. Le ha pedido a Sandra y al padre, Miguel, que la apunten a clases de fútbol. Le encanta el deporte.

- ¿Y tus padres cómo están? - pregunta Beatriz - . No he visto a los tíos Antonio y Francisca desde hace mucho tiempo.

- Ellos están bien - responde Pedro - . Mamá sigue trabajando en el hospital. Papá continúa **al frente del** estudio de arquitectos familiar. Ya está viejo: ¡tiene el pelo **canoso**! Sandra y yo le decimos que es momento de **jubilarse**. Que se dedique a descansar y viajar. Que nosotros dos podemos hacernos cargo de la empresa. Pero ¡él insiste con seguir trabajando!

- Pero tu padre siempre fue muy jovial - dice Beatriz - . La última vez que lo vi, parecía una persona de cuarenta años. Además, los Gutiérrez somos personas muy **enérgicas**.

– Eso es verdad – dice Pedro – . Bueno, Beatriz, cuéntame algo de ti. ¿Cómo estás? ¿Sigues pintando esos cuadros maravillosos?

– Sí, de vez en cuando – responde Beatriz, ligeramente sonrojada – . Aunque no me dedico a eso. Trabajo en un restaurante que queda a pocas calles de aquí. La verdad es que estoy bien. Me gusta mi empleo, tengo muchos amigos y ¡estoy enamorada de Madrid!

– ¿Quién no? – dice Pedro – . Nunca te aburres en Madrid. Teatros, conciertos, parques... Siempre hay cosas para hacer aquí. Me gustaría venir más seguido, pero tengo mucho trabajo allá en Málaga – En ese mismo momento, el móvil de Pedro empieza a sonar. – ¿Me disculpas?

– Claro.

Pedro se lleva el móvil a la oreja.

– ¿Hola? Sí, soy yo. Ajá. Claro. Es una lástima. ¿Y no tienen...? Ya veo. Bueno, muchas gracias por avisarme. – Cuelga. Parece algo **preocupado**.

– ¿Está todo bien? – pregunta Beatriz.

– Más o menos. Han cancelado mi vuelo de regreso a Málaga, y no hay otro hasta mañana por la tarde. – Pedro se levanta de la silla – . Creo que será mejor que me marche, Bea. Debo buscar un hotel para pasar la noche.

– ¿Un hotel? – pregunta Beatriz – . ¡Nada de eso, primo! Te puedes quedar en casa. Hay una habitación para invitados. Allí estarás **cómodo**.

– Pero ¿no es mucha molestia?

– Claro que no. ¡Somos familia!

Vocabulary List

Español	Inglés
el turno nocturno	night shift
la pantalla del teléfono	phone's screen
desconocido / desconocida	unknown

dar un bostezo	to yawn
colgar la llamada	to hang up the phone
reconocer	to recognize
perder contacto	to lose contact
el negocio	business
almorzar	to have lunch
en punto	o'clock
el ceño fruncido	furrowed brow
el ajoblanco malagueño	a popular Spanish cold soup made of bread, almonds, and garlic
apuntarse	to be up for it
próximo / próxima	next
inscribirse	enroll
la asignatura	subject
sonar	to ring
el timbre	doorbell
el telefonillo	intercom

bien peinado / peinada	well-groomed
pulcro / pulcra	smart
el maletín	briefcase
el hombre de negocios / la mujer de negocios	businessman / businesswoman
casual	casually
la boda	wedding
la novia	girlfriend
¡Enhorabuena!	Congratulations!
el hijo / la hija	son / daughter
la hermana / el hermano	sister / brother
precioso / preciosa	beautiful
enorme	very big
hablar hasta por los codos	to talk someone's ear off
al frente de	in charge of
canoso / canosa	with gray hair
jubilarse	to retire
enérgico / enérgica	vigorous

preocupado / preocupada	worried
cómodo / cómoda	comfortable

Summary of the Story in Spanish

Beatriz recibe una llamada sorpresa. Su primo Pedro, a quien no ve hace mucho tiempo, está en Madrid por negocios. Su vuelo sale por la tarde, así que lo invita a almorzar. Beatriz también invita a Santiago a sumarse al almuerzo, pero tiene que ir a la universidad a inscribirse a las asignaturas. Cuando llega Pedro, le cuenta sobre su vida: va a casarse con su novia María, sus sobrinos están grandes, sus padres están bien. Por su parte, Beatriz le cuenta que sigue pintando, que trabaja de camarera y que es muy feliz en Madrid. En ese momento, Pedro recibe una llamada y se entera que su vuelo ha sido pospuesto hasta el día siguiente, por lo que Beatriz lo invita a quedarse a pasar la noche en su casa.

Exercises

1. Señala el adjetivo que no describe el aspecto de Pedro:
    a. Pulcro
    b. Casual
    c. Bien peinado

2. ¿Quién es María?
    a. La hermana de Pedro
    b. La sobrina de Pedro
    c. La novia de Pedro

3. ¿Qué miembro de la familia hacía ajoblanco?
    a. La abuela
    b. La tía
    c. El padre

4. Santiago no puede sumarse al almuerzo porque...
    a. Ese día empiezan las clases
    b. Está estudiando
    c. Tiene que inscribirse a las asignaturas

5. ¿Dónde va a pasar la noche Pedro?

    a. En casa de su prima Beatriz

    b. En su casa en Málaga

    c. En un hotel

Comprehension Questions

1. ¿Por qué Beatriz está cansada al principio de la historia?

2. ¿Por qué Beatriz y Pedro estaban unidos de pequeños?

3. ¿Desde cuándo no se veían Beatriz y Pedro?

4. ¿Qué edad tiene Fernanda? ¿Y Andrés?

5. ¿Qué le gusta a Pedro de Madrid?

Summary of the Story in English

Beatriz receives a surprise phone call. Her cousin Pedro, whom she hasn't seen for a long time, is in Madrid for business. His flight leaves in the afternoon, so she invites him for lunch. Beatriz also invites Santiago to join them for lunch, but he has to go to university to enroll in classes. When Pedro arrives, he tells Beatriz about his life: he's going to marry his girlfriend María, his niece and nephew are grown up, and his parents are doing well. For her part, Beatriz tells him that she is still painting, that she works as a waitress, and that she's very happy in Madrid. Then, Pedro gets a phone call and learns that his flight has been postponed until the next day, so Beatriz invites him to stay the night at her house.

Did you know...?

Spain is well-known for its cuisine, which includes many world-famous dishes and ingredients, such as Iberian ham, *tortillas*, and *paellas*. But it's not only Spanish food that is different; its dining customs are different too. For example, when it comes to eating out, it's very unusual to go to a single restaurant and stay there for a long time. Spanish people – especially in cities – prefer to *ir de tapas*, which means having a drink with a small dish at one bar, often standing up, and then walking to another one. It's something like a pub crawl, but with the difference that the focus is more on eating than on drinking. However, the most traditional drink, in this case, is the *caña*: a small glass of beer, usually a half-pint.

This tradition is so institutionalized that, in most places, if you order a *caña*, the waiter will also bring you a *tapa* ¡on the house!

However, the content of the *tapa* varies greatly. Some are generous, others are not, and it can be anything from a piece of *tortilla* to a few slices of ham, olives, squid rings... you name it!

Chapter 4: Haciendo Turismo – Going Sightseeing

Story in Spanish: Una mañana en Madrid

El sábado, Santiago está decidido a salir a **recorrer** la ciudad. Solo faltan dos días para que comiencen las clases en la universidad, y cree que luego no va a tener mucho tiempo para **pasear**.

Mientras desayuna, recibe una llamada. Es Bea.

- Hola, Santi. Ya estoy en el trabajo: hoy me ha tocado cubrir el **turno de la mañana**. Quería contarte que esta tarde, a las tres, llegará nuestra nueva compañera de piso, y me ha pedido que la **vaya a buscar** a la **estación de trenes** de Atocha. ¿Te gustaría venir conmigo?

- Claro, Bea - dice Santiago - . Iré a recorrer la ciudad, pero estaré allí a las tres en punto.

- Vale. ¡Que te diviertas!

En ese mismo momento, el móvil de Santiago se apaga. Entonces, recuerda que la noche anterior se ha olvidado de **enchufarlo** a la corriente y ahora se ha quedado sin batería.

«¡Qué problema!», piensa Santiago. «Esto significa que no podré consultar el GPS... y Madrid es gigante».

Entonces, recuerda que, en Montijo, su mejor amigo Luis le ha dado un mapa de Madrid antes de despedirlo. Tras buscarlo durante un rato, lo encuentra en uno de los **bolsillos laterales** de su mochila. En el mapa, Luis ha marcado algunos de los lugares más importantes de Madrid.

Santiago se viste con ropa ligera y gafas de sol y sale a la calle, dispuesto a comenzar su aventura madrileña.

Su primera **parada** es el Museo de Ciencias Naturales. Según el mapa, queda bastante cerca de su vivienda. Efectivamente, solo tarda un **cuarto de hora** en llegar. El museo es hermoso y tiene la colección paleontológica más grande que Santiago ha visto en su vida. Está tan entusiasmado observando los fósiles de dinosaurios que pasa dos horas allí dentro.

Cuando sale del museo, se dirige al parque del Retiro, su segunda parada. Según el mapa, está a un par de kilómetros de allí... ¡pero no tiene ni idea de cómo llegar!

- Disculpe, señora - le dice a una mujer que pasa por allí - , quiero ir al parque del Retiro. **¿Podría indicarme cómo llegar?**

- Claro, querido. Tienes que tomar el autobús de la línea 14.

- ¿Dónde está la parada?

- Justo allá, enfrente de la farmacia.

- Vale. ¿Y dónde tengo que bajarme?

- Cuando veas la Fuente de Cibeles. Es un viaje muy corto, de unos diez minutos.

- ¿Y sabe cuánto cuesta el **billete de autobús?**

- Un euro con cincuenta - responde la mujer.

- ¡Muchas gracias, señora!

Siguiendo las **indicaciones** de la mujer, Santiago llega al Retiro sin ninguna dificultad. Se trata de un parque gigantesco lleno de interesantes plantas y árboles. También hay muchos monumentos como estatuas y edificios. ¡Incluso hay un palacio hecho totalmente de cristal!

Después del paseo, Santiago está exhausto, así que decide parar en un pequeño restaurante para almorzar algo.

- Buenos días, chaval - dice el camarero - . **¿Qué te pongo?**

- **¿Qué me recomienda**, señor?

- La **especialidad de la casa** es el cocido madrileño. Es un guiso con garbanzos, verduras, carne y embutidos.

- Perfecto, pediré eso. Y para beber, póngame un buen vaso de **zumo** de naranja, por favor. Necesito recargar energías para seguir recorriendo la ciudad.

Después de almorzar, Santiago consulta el mapa que le ha dado Luis. Uno de los sitios turísticos más cercanos de su ubicación es el Palacio de Oriente, así que se encamina hacia allí. Afortunadamente, llega a las puertas del palacio justo a tiempo para sumarse a una **visita guiada**. La guía es una mujer joven y simpática.

- Mi nombre es Carmen y seré vuestra **guía turística** esta tarde en el Palacio de Oriente - dice - . Esta es la residencia oficial de los **reyes** de España, aunque actualmente no viven aquí. Vamos a entrar. Seguidme.

Santiago entra en el palacio junto al grupo de turistas, maravillado con lo que ve. La guía turística resulta ser muy buena y sabe muchísimo acerca del palacio y de todo Madrid. Santiago aprende, por ejemplo, que el palacio es uno de los más grandes del mundo: tiene 3.500 habitaciones y duplica el tamaño del palacio de Buckingham en Londres. También aprende que desde el edificio parten numerosos **túneles subterráneos** que lo conectan con diferentes puntos de la capital española.

- Bueno - dice la guía turística después de un rato - . Ya van a ser las dos y media. Es hora de hacer una pausa para que comáis algo y os refresquéis. Nos veremos en la Plaza de la Armería en media hora.

- ¿Has dicho que ya son las dos y media? - pregunta Santiago, asombrado.

¡Ha **quedado con** Beatriz para ir a recoger a su nueva compañera de piso! Al no llevar su móvil encima y no tener ningún **reloj**, ha perdido por completo la **noción del tiempo**. Mientras todos los turistas empiezan a irse, Santiago se acerca a Carmen.

- He olvidado que tengo que hacer una cosa. Tengo que estar en la estación de trenes de Atocha en media hora. ¿Sabes cuál es la ruta más rápida, Carmen?

- Claro. Tienes que tomar la línea 2 del metro en la estación Ópera. Está justo enfrente de un gran supermercado. Baja en la estación Sol y haz trasbordo con la línea 1 del metro. Cuatro paradas más tarde, te tienes que bajar en la estación Valdecarros. ¡Y eso es todo! Llegarás a Atocha en veinte minutos.

– Vale, Carmen. ¡Muchas gracias!

Santiago sale a toda prisa del palacio, intentando memorizar todas las indicaciones que le ha dado Carmen.

Vocabulary List

Español	Inglés
recorrer	to explore
pasear	to walk around
el turno de la mañana	morning shift
ir a buscar	to pick up
la estación de trenes	train station
enchufar	to plug
el bolsillo lateral	side pocket
la parada	stop
el cuarto de hora	fifteen minutes
¿Podría indicarme cómo llegar?	Could you tell me how to get there?
el billete de autobús	bus ticket
las indicaciones	directions
¿Qué te pongo?	What can I get you?

¿Qué me recomienda?	What do you recommend?
la especialidad de la casa	specialty of the house
el zumo	juice
la visita guiada	guided tour
el / la guía turístico / turística	tour guide
los reyes	monarchs
el túnel subterráneo	underground tunnel
quedar con	to arrange to meet
el reloj	watch
la noción del tiempo	sense of time

Summary of the Story in Spanish

Santiago decide salir a recorrer la ciudad, ¡pero se olvidó de cargar el móvil! Por suerte, su amigo Luis le ha regalado un mapa de Madrid en el que ha marcado varios sitios de interés. Primero, Santiago visita el Museo de Ciencias Naturales y queda maravillado con los fósiles. Luego, pide indicaciones para llegar al parque del Retiro y logra llegar sin problemas. Después de recorrer la ciudad, se sienta a comer cocido madrileño en un restaurante. Por último, visita el Palacio Oriente y se suma a una visita guiada. Sin embargo, a las dos y media se da cuenta de que había quedado con Beatriz para buscar a su nueva compañera de piso, así que pide indicaciones para llegar a la estación Atocha.

Exercises

1. ¿Dónde encontró el mapa que le regaló Luis?
   a. En el bolsillo lateral de la mochila.
   b. En el bolsillo trasero de la mochila.
   c. En el bolsillo delantero de la mochila.

2. ¿Cuánto tarda en llegar al Museo de Ciencias Naturales?
   a. 1 hora.
   b. 30 minutos.
   c. 15 minutos.

3. ¿Cuáles de estas cosas encuentra Santiago en el parque del Retiro?
   a. Un palacio.
   b. Mucha gente.
   c. Fósiles.

4. ¿Cuál de las siguientes no es una característica del Palacio de Oriente?
   a. Tiene 3,500 habitaciones.
   b. Triplica el tamaño del palacio de Buckingham.
   c. Está conectado a túneles subterráneos.

5. Santiago ha perdido la noción del tiempo porque...
   a. no lleva el móvil.
   b. perdió el mapa.
   c. quedó sorprendido con la visita.

Comprehension Questions

1. ¿Qué pasó con el celular de Santiago?
2. ¿A quién le pregunta cómo llegar al parque del Retiro?
3. ¿Qué pide Santiago en el restaurante?
4. ¿Dónde se debe encontrar Santiago con Beatriz?
5. ¿Cuántas líneas de metro debe tomar Santiago para encontrarse con Beatriz? ¿Cuánto tardará?

Summary of the Story in English

Santiago decides to go out and explore the city, but he forgot to charge his phone! Luckily, his friend Luis has given him a map of

Madrid on which he's marked several sites of interest. First, Santiago visits the Museum of Natural Sciences and is amazed by the fossils. Then, he asks for directions to El Retiro park and manages to get there without any problems. After exploring the city, he sits to eat *cocido madrileño* in a restaurant. Finally, he visits the Oriente palace and joins a guided tour. However, at half past two, he realizes that he had arranged to meet Beatriz to pick up their new roommate, so he asks for directions to Atocha station.

Did you know...?

Like most European cities, Madrid is very old. Its origins are more than unclear: they may be Roman or Muslim and date back to the first or the ninth century. In any case, it didn't start out as a big city. Madrid grew slowly over the years, from a small fortress to a decent-sized town, and it wasn't until the sixteenth century that it became the capital of Spain.

It was a long time ago, but many things from that era remain. Most of Madrid's historic neighborhoods, such as Barrio de las Letras, La Latina, or Lavapiés, with their curved, narrow, and erratic streets, retain the flair of the Middle Ages. But the city had its reforms, too. Many of them are associated with the eighteenth century and the Bourbon dynasty, and, more specifically, with one king in particular: Carlos III, known as "the Best Mayor of Madrid."

Many of the places Santiago visits in the short story were built or reformed by Carlos III. He was the first one to open the Buen Retiro park to the public and also the first king to live in the Oriente Palace. He also commissioned the construction of the Cibeles Fountain and of the buildings that later became the Museo del Prado and the Museo Reina Sofía, the two largest museums in the city. In short: although the layout and the characteristic atmosphere of the city are medieval or baroque, the main monuments of Madrid are mostly from the Enlightenment period, that is, from the eighteenth century.

Chapter 5: La Maestra de la Cocina – The Master Chef

Story in Spanish: Paellas, migas extremeñas y ensaladas mediterráneas

Patricia Solano, la nueva compañera de piso de Beatriz y Santiago, tiene veinticinco años y ha venido desde Barcelona. Beatriz y Santiago le han hecho un recorrido por todo el piso.

- Es un piso muy bonito y muy bien **ubicado** - dice Patricia - . Aunque la parte que más me ha gustado, sin dudas, ha sido la cocina. ¡Está muy bien **equipada!**

- ¿Eso quiere decir que te gusta cocinar? - pregunta Santiago.

- ¿Estás **bromeando**? ¡Soy **cocinera** profesional! - dice Patricia.

- ¿De verdad? - pregunta Beatriz.

- Claro. No **pasaréis hambre** mientras yo viva en esta casa. Me encanta cocinar para mí y para los demás. Es mi pasión.

- ¡Qué excelente noticia! - dice Santiago - . Yo soy bastante malo en la cocina. Bea, en cambio, es muy buena. El otro día preparó un ajoblanco malagueño que estaba delicioso.

- Una receta de mi abuela - confirma Beatriz, sonriente.

- Me encantaría probarla - dice Patricia.

- ¿Y en qué trabajas, Patri? - pregunta Santiago.

- Durante los últimos tres años, fui **jefa de cocina** en un importante hotel en Barcelona. Me marché porque el **ambiente laboral** no era bueno. Actualmente estoy **desempleada**. Si sabéis de algún **curro**, os **agradeceré** que me lo mencionéis.

- Claro - dice Beatriz - . En el restaurante en que trabajo hay buen clima. Mis compañeros son muy **guays**, y mis **jefes** son personas **justas**. Voy a preguntarles si necesitan gente.

- Perfecto - dice Patricia - . Bueno, entonces, decidme: ¿qué comida os gusta? Me gustaría ir conociendo vuestras preferencias para saber qué cocinar.

- A mí me gusta todo - dice Santiago - . Me encanta el **pescado**, por ejemplo. Adoro la **paella**. También me flipan el **gazpacho** y las migas extremeñas.

- ¿Migas extremeñas? - pregunta Patricia - . Nunca las he preparado. ¿Qué llevan?

- Llevan **pan** del día anterior, **pimientos** verdes y rojos, **huevos**, **ajo**, chorizo, **panceta** y condimentos. ¡Ah! Y **aceite de oliva**. Mi madre hace las mejores migas extremeñas de todo Badajoz. Le preguntaré cuál es su receta secreta.

- Muy bien. ¿Y a ti, Bea? ¿Qué te gusta comer? - pregunta Patricia.

- Yo soy **vegetariana**. Me encanta la **ensalada** mediterránea, con **tomate, lechuga, zanahoria** y **aceitunas**. También me gusta la **tortilla de patatas**. Y las **croquetas de queso**.

- ¿Y preferís la comida **frita** o **al horno**?

- Al horno - dice Bea - . La comida **con demasiado aceite** me hace doler el **estómago**.

- A mí me gusta la comida de ambas formas - dice Santiago.

Patricia sonríe y pregunta:

- ¿Hay algo que *no* te guste, Santi?

Santiago piensa durante un momento, y luego responde, con una sonrisa:

- ¡Me parece que no!

Vocabulary List

Español	Inglés
ubicado / ubicada	located
equipada / equipado	equipped
bromear	to kid
la cocinera / el cocinero	cook
pasar hambre	to starve
la jefa de cocina / el jefe de cocina	head chef
el ambiente laboral	work environment
desempleada / desempleado	unemployed
el curro	job
agradecer	to appreciate
guay	cool
el jefe / la jefa	boss
justa / justo	fair
el pescado	fish

la paella	a dish made with round-grain rice, green beans, rabbit, chicken, and duck
el gazpacho	a cold soup made of raw, blended vegetables
el pan	bread
el pimiento	pepper
el huevo	egg
el ajo	garlic
la panceta	bacon
el aceite de oliva	olive oil
vegetariana / vegetariano	vegetarian
la ensalada	salad
el tomate	tomato
la lechuga	lettuce
la zanahoria	carrot
la aceituna	olive
la tortilla de patatas	potato omelet

la croqueta de queso	cheese croquette
frita / frito	fried
al horno	baked
con demasiado aceite	too oily
el estómago	stomach

Summary of the Story in Spanish

Beatriz y Santiago le hacen un recorrido por el piso a su nueva compañera. A Patricia lo que más le gusta es la cocina porque es cocinera profesional. Les cuenta que trabajó durante tres años en un hotel en Barcelona, pero que ahora está desempleada. Beatriz le habla del restaurante donde trabaja y le dice que va a preguntar si necesitan a alguien. Luego, Patricia les pregunta qué les gusta comer para poder cocinarles, y Santiago y Beatriz le cuentan sus gustos.

Exercises

1. ¿Qué parte de la casa le gusta más a Patricia?

   a. La habitación.

   b. El balcón.

   c. La cocina.

2. ¿Por qué Santiago y Beatriz no pasarán hambre?

   a. Porque a ambos les gusta cocinar.

   b. Porque a Patricia le gusta cocinar.

   c. Porque Santiago se ocupa de las compras.

3. ¿Cuál de estos ingredientes no se usa para preparar migas extremeñas?

   a. Tomates.

   b. Pan del día anterior.

   c. Pimientos.

4. ¿Por qué dejó su trabajo Patricia?

    a. Porque había mal ambiente laboral.

    b. Porque le pagaban mal.

    c. Porque le ofrecieron un trabajo mejor.

5. Beatriz no come uno de los siguientes platos. ¿Cuál es?

    a. Croquetas de queso.

    b. Tortilla de patatas.

    c. Sopa de pollo.

Comprehension Questions

1. ¿Quién es Patricia Solano? ¿Qué edad tiene? ¿De dónde viene?

2. ¿Quién cocina mejor, Santiago o Beatriz?

3. ¿Cómo son los compañeros de trabajo de Beatriz? ¿Y sus jefes?

4. ¿Qué lleva la ensalada mediterránea?

5. ¿Por qué Beatriz prefiere la comida al horno?

Summary of the Story in English

Beatriz and Santiago show their new roommate around the apartment. Patricia likes the kitchen the most because she's a professional cook. She tells them that she worked for three years at a hotel in Barcelona – but that now she's unemployed. Beatriz tells her about the restaurant where she works, and she says she's going to ask if they are looking for someone. Then, Patricia asks them what they like to eat so that she can cook for them, and Santiago and Beatriz tell her their tastes.

Did you know...?

Spanish cuisine is very diverse. Although you can find the most popular dishes – such as *croquetas* or *tortillas* – virtually everywhere, every region of the country has its own specialty. *Migas extremeñas* and *gazpacho*, for example, are typical of the South, where Santiago is from. When you think about it, it's not surprising that Andalucía and Extremadura, the hottest regions of the country, came up with cold soups like *gazpacho* or *salmorejo* (a cold cream like *gazpacho*, but with one crucial difference: it includes processed bread, which generates its characteristic orange color).

On the other hand, Patricia is from Barcelona, Catalonia, a coastal region that specializes in fish dishes (and in pastry!). *Paella*, one of Spain's most international dishes, has many variations throughout the country, but probably the best known is in Valencia, where they take great pride in it. Valencia is not in Catalonia – it's, in fact, in the Valencian Community – but it's close, and both regions have a lot in common – including the use of Catalan, which in Valencia takes the form of a particular dialect, Valencian.

So now you know: if you're going to Spain, don't miss the regional dishes!

Chapter 6: La Búsqueda de Trabajo – The Job Hunt

Story in Spanish: Un golpe del destino

Patricia acude a su cuarta entrevista de trabajo en una semana. Es en un restaurante viejo y un poco sucio. El entrevistador es un tipo serio y algo **receloso**. Después de una breve conversación, le pregunta:

– ¿**Hablas otros idiomas**, además del español?

– Sí. Hablo inglés, catalán y un poco de francés – dice Patricia.

– ¿**Y vives cerca de aquí**?

– Vivo en la calle Ríos Rosas, número 56. Está a solo dos estaciones del metro.

– Vale. Yo te llamo.

El entrevistador le devuelve el currículum y Patricia se marcha a su próxima entrevista, que es en un bar muy moderno ubicado en el barrio de Chueca. La entrevistadora es **encantadora** y parece bastante interesada en el perfil de Patricia.

– Aquí dice que has trabajado tres años en el hotel Mediterráneo, que es muy prestigioso... Pero ¿**ese ha sido tu único trabajo**?

– Sí – responde Patricia – . Antes de comenzar a trabajar, estaba estudiando en el Instituto de Cocina de Barcelona.

- Muy bien. - La entrevistadora le devuelve el currículum - . **¿Sabes preparar cócteles?**

- Nunca lo he hecho, pero ¡puedo intentarlo!

- Vale. Nosotros te llamamos.

La entrevistadora ya no parece tan encantadora.

Frustrada, Patricia se sienta en la terraza de un bar en la Plaza Mayor de Madrid y pide un té helado. Observa a un grupo de turistas que se toma fotos, mientras piensa en que tiene que encontrar un trabajo *urgente*. De lo contrario, tendrá que volver a Barcelona a la casa de sus padres.

En ese momento, llega la camarera con su pedido.

- Aquí tienes: té helado de fresa con arándanos - dice mientras deja el vaso en la mesa - . **¿Buscas trabajo?** - pregunta al ver la carpeta de currículums de Patricia.

- Así es - responde Patricia, repentinamente feliz - . Soy chef profesional. ¿Necesitáis **personal** en esta cafetería, de casualidad?

- Lo siento, no por el momento - responde la camarera.

- Ah, vale.

- Pero puedes dejarme tu currículum si quieres. Si necesitamos cubrir alguna **vacante** en la cocina, te tendremos en cuenta.

- Vale, muchas gracias - responde Patricia, y le da un currículum a la camarera.

Patricia bebe tranquilamente su té helado mientras mira a los turistas paseando y sacándose fotos en la Plaza Mayor de Madrid. Entonces, alguien le habla.

- ¿Así que eres chef profesional?

Patricia gira el **cuello.** Quien está hablando es una mujer de mediana edad, muy guapa y elegante, que está sentada en una mesa cercana, bebiendo una **caña** de cerveza. Tiene un largo cabello rojo y lleva un bonito vestido blanco y unas grandes gafas de sol.

- Sí - responde Patricia - . He llegado a Madrid hace apenas unos días. En Barcelona, he trabajado durante tres años como jefa de cocina en el hotel Mediterráneo.

- ¿El hotel Mediterráneo? Vaya, ese sitio tiene mucha reputación. He tenido la suerte de hospedarme allí varias veces.

- ¿De verdad? - pregunta Patricia - . Entonces, si ha pedido comida al restaurante del hotel, lo más seguro es que haya probado mis **platos**. Yo misma hice la **carta**.

- Ya veo - dice la mujer - . Sí... Recuerdo una crema catalana verdaderamente exquisita. ¿Tú eres la responsable de eso?

- ¡La misma!

- ¿Y qué me dices de aquellos *calçots* en salsa de romesco?

- También.

- Impresionante - dice la mujer - . Francamente impresionante. ¿Cómo te llamas?

- Patricia Solano.

- Pareces una chica muy simpática, Patricia. Dime, ¿te gusta la televisión?

- ¿La televisión? - pregunta Patricia, desconcertada - . No mucho. Bueno... Nunca he visto mucho la tele.

- Funcionarías bien en cámara. Tienes lo que se dice... *ángel*.

Patricia no sabe qué responder a eso. La conversación se está volviendo algo extraña. La mujer bebe un largo **sorbo** de su caña y luego dice:

- Mi nombre es Isabel Vega Muñoz.

- ¿Isabel Vega Muñoz? - pregunta Patricia, sorprendida - . Lo siento, no te he reconocido por las gafas de sol.

Patricia no puede creer que está ante la mismísima Isabel Vega Muñoz, una famosa presentadora de televisión.

- ¿Has visto alguno de mis programas alguna vez? - pregunta Isabel.

Patricia sabe que Isabel es muy reconocida, aunque *jamás* ha visto uno de sus programas. Sin embargo, cree que no es del todo **cortés** decir eso, así que dice:

- Alguna que otra vez.

- Entonces, seguramente ya sabes que mis programas suelen ser magacines. Hay entrevistas con personalidades, concursos... y una sección de cocina. Pues bien, resulta que estoy buscando a una persona carismática, pero, sobre todo, que sepa cocinar. Necesito que se haga cargo de la sección de cocina de mi nuevo programa, que se **estrenará** la semana que viene.

Patricia no puede creer lo que acaba de oír. ¿Ella, en la tele?

- Pero nunca he estado frente a una cámara.

- Aprenderás - responde Isabel.

- Pero ¿por qué yo? ¿No hay un montón de otras personas con más experiencia en la televisión?

- Creo mucho en el destino, Patricia - le dice Isabel - . Y creo que el destino nos ha ubicado en dos mesas **contiguas** esta tarde por alguna razón. ¿Por qué no lo intentas? Si no te gusta, nadie te obligará a quedarte.

- No lo sé - dice Patricia, nada convencida - . ¿Podemos discutir mis honorarios?

Isabel coge una **servilleta** y extrae un **bolígrafo** de su **refinado** bolso. Apunta algo rápidamente y le pasa el papel a Patricia.

- Esto es lo que ganarías.

- ¡**Ostras**! Es un gran salario. Es más de lo que cobraba en el hotel Mediterráneo.

Patricia lo piensa durante un momento. La verdad es que la ponen un poco nerviosa las cámaras. Pero luego piensa en que podría ser un **desafío** interesante. Además, recuerda que su abuela Rosa es una **espectadora** de los programas de Isabel Vega Muñoz. Patricia se imagina la cara que pondrá cuando la vea en la tele.

- Vale, Isabel. Lo intentaré. Pero... ¿puedo pedirte algo?

- Lo que quieras.

- ¿**Firmarías** un autógrafo para mi abuela Rosa? ¡Ella te adora!

Vocabulary List

Español	Inglés
receloso / recelosa	wary
¿Hablas otros idiomas?	Do you speak other languages?
¿Vives cerca de aquí?	Do you live nearby?

encantador / encantadora	lovely
¿Ese ha sido tu único trabajo?	Was that your only job?
¿Sabes preparar cócteles?	Can you prepare cocktails?
¿Buscas trabajo?	Are you looking for a job?
el personal	staff
la vacante	vacancy
el cuello	neck
la caña	pint (glass where beer is usually served, about half the size of a pint)
el plato	dish
la carta	menu
el ángel	charm (people are said to have "angel" when they have a certain grace in their appearance and/or personality)
el sorbo	sip
cortés	polite
estrenar	to premiere

contiguo / a	adjacent
la servilleta	napkin
el bolígrafo	pen
refinado / a	sophisticated
¡Ostras!	Yikes! (an expression used when someone is surprised or angry. It is used to avoid saying a "bad word")
el desafío	challenge
espectador / espectadora	viewer
firmar	to sign

Summary of the Story in Spanish

Patricia va a sus cuarta y quinta entrevistas de la semana, pero nada parece ir como ella quiere. Frustrada, se sienta en un bar. Allí, comienza a hablar con la presentadora de televisión Isabel Vega Muñoz, quien parece interesada en su experiencia de cocina en un hotel de Barcelona. En poco tiempo, Isabel Muñoz Vega le ofrece a Patricia un trabajo en la sección de cocina de su nuevo programa de televisión. Primero, Patricia duda, pero luego piensa que sería un desafío interesante y decide intentarlo.

Exercises

1. ¿Dónde ha trabajado Patricia antes?

    a. En el hotel Mediterráneo.

    b. En el Instituto de Cocina de Barcelona.

    c. En Ríos Rosas, número 56.

2. ¿Cuáles de estas preguntas le hacen los entrevistadores a Patricia?

    a. ¿Cuántos años tienes?

    b. ¿Hablas otros idiomas?

    c. ¿Llevas mucho tiempo en Madrid?

3. ¿Qué ve Patricia en Plaza Mayor de Madrid?

    a. Turistas tomándose fotos.

    b. Pájaros volando.

    c. Niños corriendo.

4. ¿Quién le pregunta a Patricia sobre sus platos en el hotel Mediterráneo?

    a. El primer entrevistador.

    b. La segunda entrevistadora.

    c. Isabel Vega Muñoz.

5. ¿Por qué Isabel Vega Muñoz quiere contratar a Patricia?

    a. Porque su comida es la más rica que ha probado.

    b. Porque no tiene otras opciones.

    c. Porque cree en el destino.

Comprehension Questions

1. ¿Cómo es el lugar de la primera entrevista?

2. ¿Por qué Patricia debe encontrar trabajo urgente?

3. ¿Cómo es la mujer que le habló a Patricia?

4. ¿Qué piensa Isabel Vega Muñoz de Patricia?

5. ¿Qué le pide Patricia a Isabel?

Summary of the Story in English

Patricia goes to her fourth and fifth interviews this week, but nothing seems to be going her way. Frustrated, she sits down at a bar. There, she starts talking to TV host Isabel Vega Muñoz, who seems interested in her cooking experience at a hotel in Barcelona. Soon, Isabel Vega Muñoz offers Patricia a job in the cooking section of her new TV show. At first, Patricia hesitates, but then she thinks it would be an interesting challenge and decides to give it a try.

Did you know...?

Jobs and job interviews can vary a great deal from country to country. While the Spanish work culture would not be completely unfamiliar to an American, there are some differences worth noting; the main one would probably be the work hours. Spain has one of the most flexible work schedules in the world. Although they tend to start at 9 a.m. and end at 6 p.m., lunch hours are closer to 2 p.m. than to noon (it's not strange to eat something at 11 a.m.). Plus, it's very common to reduce hours in the summer when it's hot and people go on vacation. In many offices, people finish early on Fridays, too, around 3 p.m. And you can still find shops closing for a few hours around lunchtime, for *siesta,* in most towns and small cities.

On the other hand, job interviews are fairly familiar. They usually last about half an hour and consist of a series of open-ended questions about experience and skills. Almost all of them are one-on-one. You'll be okay if you shake hands before and after the interview, and asking questions will be no problem. So, good luck with that!

Chapter 7: Una Emergencia Médica – A Medical Emergency

Story in Spanish: Doctor, ¿qué tengo?

"Los **principios** nunca son fáciles", piensa Damián. Tiene la respiración **entrecortada** y las manos **temblorosas**. Está nervioso, pero eso no es extraño. Es su primer día como médico residente en el Hospital de Santa Bárbara; es, además de un primer día, el final de un largo **viaje**. Y los **finales** nunca son fáciles.

– Este es tu **consultorio** – dice Amparo, la residente de segundo año que lo está introduciendo al hospital – . Aquí recibirás a tus primeros pacientes. ¿Alguna duda?

– No, muchas gracias – dice Damián.

Al escucharlo, Amparo frunce el ceño durante un segundo. **Da la impresión** de no haber entendido bien.

– Disculpa, **¿de dónde eres?** – pregunta Amparo.

– De Argentina – responde Damián.

– ¡Me imaginaba! – dice Amparo – . Ese acento es **inconfundible**. Así que de Argentina. Madrid está lleno de argentinos, pero me imagino que eso ya lo sabes. ¿Qué haces aquí?

– Cuando terminé la universidad, en Buenos Aires, decidí que quería un **cambio** – contesta Damián – . Medicina es una carrera muy larga. Vi entonces que tenía la posibilidad de aplicar a unas residencias en Madrid, y... Bueno, acá estoy.

- Te encantará la ciudad, ya verás - dice Amparo, mientras se acerca a la puerta - . Disculpa, pero debo irme: hay muchos residentes nuevos a los que orientar. **Avísame** si tienes algún problema, ¡y mucha suerte!

Amparo sale del consultorio y deja la puerta abierta. Damián, **tímidamente**, se sienta detrás del escritorio, con su **bata blanca** abierta, e **inicia** el **ordenador**. Realmente no sabe qué esperar. Es su primer día **de guardia**.

- **Permiso**, doctor - escucha entonces.

Damián **levanta la vista**. Enfrente hay un muchacho muy joven, de no más de veinte años. Se le ve **pálido** y camina **con dificultad**.

- Pasá - dice Damián - . Sentate. ¿Cómo estás?

- Bien - murmura el muchacho.

Entonces el nombre del muchacho aparece en el ordenador: Santiago Martínez.

- Decime, Santiago, ¿por qué viniste? - pregunta Damián. Trata de sonar lo más profesional posible. Es su primer día, pero los pacientes no tienen por qué saberlo.

- Me duele el **estómago** - responde Santiago - , y tengo **náuseas**. Eso es lo principal. Pero también tengo bastante **dolor de cabeza**; creo que hasta siento un poco de **fiebre**. También **sudo** mucho y siento **escalofríos**. Como una **gripe**.

- Suena bastante **molesto** - contesta Damián - . ¿Qué sentís en el estómago?

- No lo siento todo el tiempo - dice Santiago - . Solo viene cada tan...

Santiago calla súbitamente, y su rostro empalidece aún más. Damián puede escuchar cómo el estómago de su paciente hace ruidos extraños.

- ¿Algún otro **síntoma**? - pregunta Damián.

- No creo - responde Santiago - . Doctor, tengo miedo de tener apendicitis.

Damián recuerda sus estudios. Dolores repentinos de estómago, náuseas, fiebre, un paciente joven. Es posible.

- Acostate en la **camilla**, por favor - dice Damián - . Y levantate un poco la **remera**.

51

Santiago sigue las órdenes del doctor. Damián le **palpa** el lado derecho del abdomen. No hay **inflamación**. Puede **descartar** la apendicitis.

- ¿Cuándo empezaron los dolores? - pregunta Damián, mientras toma distancia y deja que su paciente se vista.

- Ayer por la noche - responde Santiago.

- ¿Qué hiciste ayer? - dice Damián.

- Ayer... - contesta Santiago - . Fui a la universidad, tuve mis clases. Por la tarde estudié en casa, y después vi una serie. Por la noche cené con mis compañeras de piso. En ese momento me sentía bien; y fue una suerte, porque había migas extremeñas. Una de mis compañeras es chef, sabes, y...

- ¿Qué son las migas extremeñas? - interrumpe Damián.

- Es un plato típico de Extremadura, de donde yo vengo - contesta Santiago - . Lleva pan del día anterior, pimientos verdes y rojos, huevos, ajos, chorizo y panceta.

- Suena bastante **pesado** - dice Damián - . ¿Cuántas te comiste?

- No sé... - responde Santiago - . ¿Seis platos?

- ¡Seis platos de pan frito con chorizo! - dice Damián, súbitamente **aliviado**. Su primer **diagnóstico** es mucho más sencillo de lo que esperaba - . No te preocupes, Santiago, vos no tenés apendicitis. ¡Tenés un ataque al hígado!

Vocabulary List

Español	Inglés
el principio	beginning
entrecortada / entrecortado	intermittent
temblorosa / tembloroso	shaky
el viaje	journey

el final	ending
el consultorio	doctor's office
dar la impresión	to look like
¿de dónde eres?	Where are you from?
inconfundible	unmistakable
el cambio	change
avisar	to let know
tímidamente	shyly
la bata blanca	white coat
iniciar	to turn on
el ordenador	computer
de guardia	on call
Permiso	Excuse me
levantar la vista	to look up
pálido / pálida	pale
con dificultad	with difficulty
el estómago	stomach

las náuseas	nausea
el dolor de cabeza	headache
la fiebre	fever
sudar	sweat
los escalofríos	chills
la gripe	flu
molesto / molesta	uncomfortable
el síntoma	symptom
la camilla	stretcher
la remera	t-shirt
palpar	to feel
la inflamación	swelling
descartar	to rule out
pesado / pesada	heavy
aliviado / aliviada	relieved
el diagnóstico	diagnosis

Summary of the Story in Spanish

Damián es un médico de Argentina en su primer día de guardia como residente en un hospital madrileño. Amparo, una residente de segundo año, le muestra el hospital y lo deja en su consultorio. Damián está nervioso y no sabe qué hacer. Entonces, llega su primer paciente: Santiago. Sus síntomas son dolor de estómago, náuseas, dolor de cabeza, sudoración y escalofríos. Tiene miedo de tener apendicitis, pero Damián palpa su costado derecho y descarta ese diagnóstico. Después de que Santiago le cuenta lo que comió la noche anterior, el médico sabe lo que le pasa: tiene un ataque al hígado.

Exercises

1. ¿Por qué le tiemblan las manos a Damián?

   a. Porque está perdido.

   b. Porque tiene una enfermedad.

   c. Porque está nervioso.

2. ¿Quién es Amparo?

   a. Una paciente.

   b. Una enfermera.

   c. Una médica.

3. ¿Por qué Amparo se imaginaba que Damián era de Argentina?

   a. Por su forma de hablar.

   b. Por su forma de caminar.

   c. Por su color de pelo.

4. ¿Cuál de estos síntomas no tiene Santiago?

   a. Dolor de cabeza.

   b. Desorientación.

   c. Náuseas.

5. ¿De qué tiene miedo Santiago?

   a. De tener apendicitis.

   b. De tener un hueso quebrado.

   c. De tener un ataque al hígado.

Comprehension Questions

1. ¿Hace cuánto trabaja Damián como médico residente en el Hospital de Santa Bárbara?

2. ¿Por qué Damián está en Madrid?

3. ¿Qué hace Damián cuando se queda solo en el consultorio?

4. ¿Qué hace Damián cuando Santiago le dice que tiene miedo de tener apendicitis?

5. ¿Por qué Damián se siente aliviado al final del cuento?

Summary of the Story in English

Damián is an Argentinean doctor on his first day on call as a resident in a hospital in Madrid. Amparo, a second-year resident, shows him around the hospital and leaves him in his office. Damián is nervous and doesn't know what to do. Then, his first patient arrives: Santiago. His symptoms are stomach ache, nausea, headache, sweating, and chills. He's scared he may have appendicitis, but Damián feels his right side and rules out that diagnosis. After Santiago tells him what he ate the previous night, the doctor knows what's wrong with him: he has indigestion.

Did you know...?

Everyday ailments usually have homemade remedies. It's quite logical: why bother going to the doctor for a headache or a stye in the eye? They are just a hassle, not a full-blown illness. They will pass.

However, these discomforts can be very uncomfortable, and that's when homemade remedies come into play. Some of them are very well-known in Spanish culture. Do you have a mouth ulcer? Well, just put a pinch of salt on it. It will hurt a little the first few times – you may even shed a tear – but then it will help close the wound cleanly. Do you have a stye in your eye? There's a solution for that, too: take a golden ring, like a wedding ring, and rub it between your hands or against some fabric. Then, place it over the infection.

That second remedy may sound strange, but it actually has a scientific explanation: the ring heats up when rubbed, and that heat helps your infected pore to open up. That reduces the swelling and helps the healing process. However, as you may have guessed, there are easier ways to apply heat to your eye. So, if you don't have a golden ring at hand, you can always use a piece of cloth dipped in hot water!

Chapter 8: Historias de la Abuela – Grandma's Stories

Story in Spanish: Una visita especial

El **timbre** suena en el piso de Ríos Rosas 56. Inmediatamente, Patricia se pone de pie.

- ¡Muchachos! ¡Llegó mi abuela Rosa! – dice Patricia, mientras se acerca al **comunicador.**

En ese momento, Santiago y Beatriz salen de sus dormitorios. Se acercan a la cocina, donde **la mesa ya está servida.** Son cerca de las ocho de la noche.

- Pasa – dice Patricia junto al comunicador, y **oprime** el botón que abre la **puerta de la calle** – . El ascensor funcionaba hoy, ¿no es cierto? No quiero que mi abuela cargue sus maletas por los tres pisos de escaleras.

- Hoy por la tarde funcionaba – responde Santiago desde la otra habitación.

Tras un minuto o dos, suena el timbre de la puerta del piso. Patricia abre la puerta rápidamente.

- ¡Abuelita! – dice entonces Patricia, y se lanza a abrazar a una mujer de unos setenta y cinco años.

El abrazo dura poco. Rápidamente, Patricia toma las maletas de su abuela y las carga dentro del piso.

– Pasa, te estábamos esperando para comer – dice Patricia – . Ellos son Santiago y Beatriz, mis compañeros de piso.

– Un placer – dice Rosa, mientras entra a la casa.

– Patricia siempre nos habla de ti – dice Beatriz – . Nos contó que tú le enseñaste a cocinar. Quizás por eso le puso tanto **empeño** a la cena... ¡Hay comida como para un **ejército**!

Beatriz señala la mesa de la cocina: hay cinco platos distintos, cada uno del tamaño de dos o tres **porciones** generosas.

– Qué bueno tenerte de visita – dice Patricia – . Siéntate, debes tener hambre. ¿Cómo estuvo el viaje?

– Oh, estuvo excelente – responde Rosa – . El tren desde Barcelona es muy cómodo. ¡Nunca lo había tomado! Es como viajar en primera clase. Todavía me acuerdo de cuando, para venir hasta Madrid, había que tomarse un bus eterno. Yo me llevaba **aguja** e **hilo** y, cuando llegaba a la estación, ya había **tejido** un **chaleco** para uno de mis **nietos**.

– Eran muy buenos chalecos – contesta Patricia, divertida – . Mi abuela viajaba mucho entre Barcelona y Madrid, cuando era joven, junto a mi abuelo – aclara para Santiago y Beatriz.

– ¿Por qué? – pregunta Santiago, mientras se sirve un par de croquetas.

– Jorge era madrileño – responde Rosa – . Veníamos a ver a su familia. Patricia, ¿has visitado a alguno de tus **parientes** de por aquí? Eduardo estaría encantado de recibirte.

– Todavía no, abuela – dice Patricia – . Ya sé que Eduardo es el **primo** del abuelo, pero ¡no lo conozco! Me **dio vergüenza**.

– Tonterías – contesta Rosa – . Mañana iremos a verlo. Eduardo es encantador.

– Patricia, este arroz negro está increíble – dice entonces Beatriz – . Creo que es el mejor que he comido en mi vida.

– Receta familiar – dice Patricia, sonriendo.

– ¡Pero a ti te sale mejor! – contesta Rosa – . Cuando era niña, ella siempre estaba en la cocina. A algunos niños les atrae la televisión; ella solo quería acercarse al **horno**. Yo la ponía junto a mí, le daba un **cuchillo sin filo** y ella **imitaba** todo lo que hacía.

- Así aprendí todo lo que sé - dice Patricia, **encogiéndose de hombros** - . La escuela de cocina fue solo para conseguir un **título**. En realidad, mis mejores platos fueron siempre los que me enseñó mi abuela Rosa.

- ¿Ustedes pasaban mucho tiempo juntas? - pregunta Santiago.

- Sí, porque mis padres trabajaban hasta tarde - responde Patricia - . Entonces, cuando yo salía de la escuela, iba directamente a casa de la abuela. Allí pasaba la tarde. A veces leíamos juntas, a veces ella jugaba a la canasta con sus amigas. Prácticamente me **crio**. Así que ya saben a quién **echarle la culpa** de todo lo que ustedes tienen que sufrir - bromea Patricia, dirigiéndose a sus compañeros de piso.

- Qué exagerada que eres, Patricia - dice Rosa - . A ti te crio tu madre. Yo solo he hecho lo que he podido para ayudar. Y, de todas formas, no creo que estos chicos tan **majos** lo pasen tan mal contigo, ¿no es cierto?

- Para nada - dice Santiago mientras vuelve a llenar su plato. Es evidente que ya se ha recuperado del ataque al hígado de la semana anterior - . ¡Sobre todo cuando Patricia prepara una escalivada como esta!

Vocabulary List

Español	Inglés
el timbre	doorbell
el comunicador	intercom
la mesa está servida	the food is served
oprimir	to press
la puerta de la calle	front door
el empeño	effort

el ejército	army
la porción	serving
la aguja	needle
el hilo	yarn
tejer	to knit
el chaleco	vest
el nieto / la nieta	grandchild
el / la pariente	relative
el primo / la prima	cousin
dar vergüenza	to be embarrassed
el horno	oven
el cuchillo sin filo	blunt knife
imitar	to imitate
encogerse de hombros	to shrug
el título	degree
criar	to raise
echar la culpa	to blame
majo, maja	nice

Summary of the Story in Spanish

La abuela de Patricia, Rosa, va a visitarla al piso y Patricia le prepara una cena con muchos platos diferentes. Durante la cena, Patricia y su abuela le cuentan a Santiago y Beatriz un poco sobre sus vidas. Así, nos enteramos de que Rosa viajaba mucho con su esposo entre Barcelona y Madrid para visitar a la familia de él. Además, cuentan que, de niña, Patricia solía pasar mucho tiempo con su abuela y ella fue quien le enseñó a cocinar.

Exercises

1. ¿A qué hora llega la abuela Rosa?
    a. A las 21.
    b. A las 20.
    c. A las 19.

2. ¿Desde dónde viene la abuela Rosa?
    a. Madrid.
    b. Badajoz.
    c. Barcelona.

3. ¿Qué tomaba antes para ir a Madrid?
    a. Un bus.
    b. El metro.
    c. Otro tren.

4. ¿Quién es Eduardo?
    a. El abuelo de Patricia.
    b. El primo de Patricia.
    c. El primo del abuelo de Patricia.

5. ¿Quién jugaba a la canasta por las tardes?
    a. Patricia.
    b. Rosa.
    c. Beatriz.

Comprehension Questions

1. ¿Quién carga las maletas dentro del piso?
2. ¿Cómo es el tren desde Barcelona?

---

3. ¿Qué solía hacer la abuela Rosa cuando viajaba en bus de Barcelona a Madrid?

4. ¿Qué hacían Patricia y Rosa cuando Patricia era niña?

5. ¿Cómo está Santiago del ataque al hígado de la semana anterior?

Summary of the Story in English

Patricia's grandmother, Rosa, visits her at the apartment, and Patricia prepares a dinner with many different dishes. During dinner, Patricia and her grandmother tell Santiago and Beatriz a bit about their lives. Thus, we learn that Rosa used to travel a lot with her husband between Barcelona and Madrid to visit his family. They also say that, as a child, Patricia used to spend a lot of time with her grandmother, and she was the one who taught her how to cook.

Did you know...?

Spain is, together with Japan, one of the countries with the highest life expectancy in the world: about 84 years. However, in both countries, there is a large difference between male and female life expectancy. It seems that, for some reason, women tend to live up to five years longer than men.

In any case, older women, and especially grandmothers, play a very important role in Spanish culture. It's not strange that, being retired, they take care of their grandchildren while their parents are working. That means they are very involved in child-rearing and in other domestic chores in general.

But Spanish grandmothers don't just stay at home; they go out too! And they often stay out late. If you take a stroll around Madrid on a Friday night, even at midnight, don't be surprised to find a good number of old women drinking in bars, chatting, and having fun. After all, why stay at home when you can go out to drink a *caña* with the girls?

Chapter 9: Un Día en el Trabajo – A Day At Work

Story in Spanish: La *cantaora*

Beatriz llega al trabajo. Su jefa, la señora Ordóñez, la saluda con un beso en cada **mejilla**. Beatriz lleva trabajando en el restaurante mucho tiempo y ellas tienen mucha **confianza**.

- Buenas noches, Bea - le dice la señora Ordóñez - . ¿Estás lista?

- Sí, como siempre - responde Beatriz, mientras acomoda su bolso detrás de la barra.

- Es que esta no será una noche como cualquier otra - dice Ordóñez - . Pero... ¿es que aún no lo sabes? Miguel, ¿no se lo has dicho?

Miguel, otro de los camareros del restaurante, esboza una sonrisa a modo de disculpa.

- Lo siento, jefa - dice - . Es que no quería ponerla muy nerviosa.

- ¿De qué estáis hablando? - pregunta Beatriz.

- Esta noche tenemos una **reserva** para la *cantaora* de flamenco Sara Alas - explica Ordóñez.

- **Me estáis vacilando** - dice Beatriz.

- Claro que no - responde Ordóñez - . Y quiero que tú te hagas cargo de su mesa.

- ¿De verdad? - pregunta Beatriz. De repente, siente las manos sudorosas - . ¡Soy una gran admiradora de Sara Alas!

- Por supuesto, ya lo sabemos - responde Miguel - . Cuando te toca poner música, ¡siempre pones a Sara Alas!

- Es que me he criado escuchando su música - explica Beatriz - . Cuando era niña, fui con mis padres a ver un espectáculo suyo en un *tablao* de Málaga. Me quedé fascinada con su voz, tan dulce y a la vez potente. Además, sus **letras** son muy poderosas. Si la tuviera enfrente, le diría que es la mejor *cantaora* de Andalucía.

- Pues estás de suerte, porque acaba de entrar - dice Miguel, señalando a la puerta del restaurante.

Sara Alas entra acompañada de su equipo de trabajo. Beatriz reconoce enseguida a Paco Figueroa, el **guitarrista** que suele acompañarla en sus presentaciones. La señora Ordóñez se dirige hacia ellos y, tras saludarlos cortésmente, los conduce por el restaurante hasta la mesa que les han asignado. Los clientes del restaurante, que a aquella hora todavía no son muchos, giran el cuello para verlos y **cuchichean**.

Beatriz sabe que es su momento de actuar. Sin embargo, está demasiado nerviosa.

- Lo harás bien, Bea - le dice Miguel - . Recuerda que eres una profesional.

Bea **respira hondo** y se dirige hacia la mesa de los recién llegados.

- Buenas noches, señora Salas. Quiero decir, señora Alas - dice Beatriz **con torpeza** - . Es un placer que hayáis escogido nuestro restaurante esta tarde. ¡Quiero decir, esta noche! Os dejo las cartas para que consultéis el menú.

Bea se retira en dirección a la barra. En ese momento, la señora Ordóñez aparece con una botella de vino en la mano.

- Toma, llévales este vino **de cortesía**, por favor - le pide a Beatriz.

Beatriz coge el vino y se dirige nuevamente a la mesa. Comienza a servir en las **copas** de Sara Alas y el resto de su equipo. Cuando lo está haciendo, con las manos **temblorosas, vuelca** accidentalmente un **chorro** de vino sobre la **blusa** blanca de Sara.

– ¡Ay! – exclama Beatriz – . ¡Lo lamento tanto!

Está muy avergonzada y no sabe qué decir. Sara Alas la mira fijamente. Y entonces, sonríe.

– Descuida. Es solo una blusa. Dime, ¿este es tu primer día?

– ¡No! – responde Beatriz – . Llevo años trabajando aquí. Es solo que soy una gran admiradora suya, y quiero que usted pase una velada perfecta. Usted es la mejor *cantaora* de Andalucía.

– Muchas gracias por ese cumplido – le dice Sara – . ¿Vendrás a mi espectáculo el próximo fin de semana?

– No he conseguido **entradas**, señora Alas – le explica Beatriz.

Sara saca algo del bolsillo y se lo da en la mano a Beatriz.

– Pues ya las tienes. Ven con amigos.

Beatriz mira lo que le acaba de dar Sara. Son tres entradas para la **primera fila** de su concierto en uno de los *tablaos* más famosos de Madrid.

– ¡Muchas gracias! – dice, Beatriz, contenta.

Sin dudas, será un plan de sábado perfecto junto a Santiago y Patricia, sus compañeros de piso.

– Y ahora, por favor sírveme el vino... *dentro* de la copa – le dice Sara Alas, sin dejar de sonreír.

Vocabulary List

Español	Inglés
la mejilla	cheek
la confianza	trust
la reserva	reservation
el cantaor / la cantaora	flamenco singer
Me estás vacilando	You're kidding me

el tablao	place where flamenco shows are performed
la letra	lyrics
el / la guitarrista	guitar player
cuchichear	to whisper
respirar hondo	to take a deep breath
con torpeza	clumsily
de cortesía	on the house
la copa	glass of wine
tembloroso / temblorosa	shaking
volcar	to spill
el chorro	splash
la blusa	blouse
la entrada	ticket
la primera fila	front-row

Summary of the Story in Spanish

Beatriz llega a trabajar al restaurante y su jefa, la señora Ordóñez, le dice que hoy tienen una clienta muy especial: la *cantaora* de flamenco Sara Alas. Beatriz es una gran admiradora suya, ya que cuando era niña sus padres la llevaron a ver un espectáculo de ella y quedó fascinada. Cuando la atiende, está tan nerviosa que se confunde con su nombre y vuelca un poco de vino. Sin embargo, Sara Alas resulta ser muy simpática y le regala entradas para su próximo concierto en Madrid.

Exercises

1. ¿Qué es lo que no le han dicho a Beatriz?
    a. Que hoy no debe trabajar.
    b. Que hoy tienen una reserva para una cantaora famosa.
    c. Que hoy ella debe cantar.

2. ¿Quién se encarga de atender la mesa de Sara Alas?
    a. Beatriz.
    b. Miguel.
    c. La señora Ordóñez.

3. ¿Cómo son las letras de las canciones de Sara Alas, según Beatriz?
    a. Dulces.
    b. Poderosas.
    c. Tiernas.

4. ¿En qué se equivoca Beatriz primero?
    a. En el momento del día.
    b. En el pedido.
    c. En el apellido de Sara.

5. ¿Qué le regala el restaurante a la cantante?
    a. El vino.
    b. El café.
    c. La comida.

Comprehension Questions

1. ¿Cómo se llevan la señora Ordóñez y Beatriz?
2. ¿Por qué Beatriz es admiradora de Sara Alas?
3. ¿Qué hacen los clientes cuando ven a Sara Alas?
4. ¿Cómo reacciona Sara Alas cuando Beatriz le mancha la blusa?
5. ¿Qué le regala Sara Alas a Beatriz?

Summary of the Story in English

Beatriz arrives to work at the restaurant and her boss, Mrs. Ordóñez, tells her that they will have a very special client today: flamenco singer Sara Alas. Beatriz is a big fan of hers because, since when she was a child, her parents took her to see one of her shows, and she was fascinated. When she serves her, she's so nervous that she gets confused about her name and spills some wine. However, Sara Alas turns out to be really nice and gives her some tickets for her next show in Madrid.

Did you know...?

Flamenco is a Spanish musical genre that developed mainly in Andalusia, in the south of Spain. This genre is very particular and is usually sung, danced, played with the guitar, castanets, and the *cajón flamenco* (a kind of wooden box used for percussion), and even includes clapping and foot stomping!

Flamenco singing is called *cante* and is usually performed without backing singers. Flamenco singers are called *cantaores* and *cantaoras,* as opposed to the Spanish word for singer, *cantante*. The dance (*baile*) includes movements with all parts of the body: hands, legs, arms, head and even facial expressions! Flamenco dancers are called *bailaores* and *bailaoras*, as opposed to the Spanish words for dancer, *bailarín* and *bailarina*. And the playing of the instruments is called *toque,* and it mainly accompanies the *cante*.

And you can see all this in the *tablaos flamencos*, where flamenco shows take place and that are decorated with Andalusian references. The *tablaos* (the stage platform where people perform) is made of wood because it is the perfect material to stomp on and get the right sound. Whatever you do in Spain, you definitely cannot miss a typical flamenco show at a *tablao*, because you won't get the perfect sound and ambiance anywhere else!

Chapter 10: El Vestido – The Dress

Story in Spanish: El vestido

Beatriz, Patricia y Santiago van de compras. Cada uno tiene un motivo diferente: Beatriz quiere comprarse un vestido para el casamiento de su primo Pedro; Patricia está buscando algo sencillo para **ir de fiesta**; y Santiago quiere conseguir un conjunto deportivo para ir al gimnasio.

Beatriz conduce el coche hasta una calle muy **animada** y llena de gente y tiendas. La primera parada es un gran local de ropa femenina casual. Patricia coge varias **prendas** y luego se mete dentro de uno de los **probadores**. A los pocos minutos, sale para mostrarles el **atuendo** a sus amigos. Lleva una bonita camisa azul y un **pantalón de mezclilla**.

– ¿Qué opináis? – pregunta.

– ¡Me encanta! – dice Beatriz.

– Sí, está muy bonito – coincide Santiago.

– Vale, me lo llevo – dice, y se dirige al **dependiente de la tienda** – . Disculpa, ¿aceptáis tarjeta?

– Claro, aceptamos **tarjeta de débito** y **de crédito**.

Patricia paga y salen todos en busca del siguiente objetivo: la ropa deportiva para Santiago. Bea, que conoce Madrid, los lleva a una enorme **tienda por departamentos**, pero Santi no está acostumbrado a comprar en lugares tan grandes y no sabe para dónde ir, se siente un poco aturdido.

- No te preocupes, Santi - le dice Patricia - . Vamos a preguntarle a alguien que trabaje aquí. Oye, disculpa, ¿podrías decirme dónde encuentro la ropa deportiva para hombres?

- Sí, claro - responde un joven que lleva una camiseta con el logo de la tienda - . La indumentaria masculina está en el cuarto piso. Podéis subir por estas **escaleras mecánicas.** Una vez arriba, id hacia vuestra izquierda. Allí está todo lo necesario para hacer deporte.

Los tres amigos suben hasta el cuarto piso y encuentran la ropa deportiva. Santiago selecciona dos camisetas, unos **pantalones cortos** y tres **pares de calcetines.** Después, van al departamento de **calzado** para elegir zapatillas de correr. Santiago se prueba todo y, satisfecho, se dirige hacia la zona de cajas, donde paga **en efectivo.**

La última parada es una tienda de ropa muy elegante que hay **calle arriba.** Beatriz está buscando un vestido formal, pero nada la convence demasiado: uno es muy largo, otro es muy corto, otro es demasiado brillante...

Finalmente, encuentra el vestido perfecto. Es **suelto**, justo por encima de las rodillas, con la **espalda descubierta** y de colores alegres: ideal para una boda en la playa. Además, le queda perfecto, casi como si se lo hubieran **hecho a medida.** Cuando sale del probador, Santiago **aplaude** y Patricia lanza un **silbido halagador.** No hay dudas de que ese es el vestido que tiene que llevarse.

Sin embargo, hay un problema.

- Es demasiado **caro** - dice Beatriz, al ver la **etiqueta** con el **precio** - . Jamás podría pagarlo.

Decepcionada, vuelve al probador y se lo quita. Cuando sale, una dependienta le pregunta cómo le fue.

- Me quedó perfecto, pero está **fuera de mi presupuesto** - le responde Beatriz, muy triste.

- ¿Incluso con el **descuento**? - pregunta la dependienta.

- ¿Tiene un descuento? ¡No sabía! - dice Beatriz, un poco más **animada.**

- Todas las prendas de la tienda tienen un descuento del cincuenta por ciento por el **fin de temporada**.

- ¡¿Cincuenta por ciento?! – exclaman los tres amigos al unísono.

- Entonces sí, ¡me lo llevo! – dice Beatriz, **exultante**.

Vocabulary List

Español	Inglés
ir de fiesta	to go partying
animada / animado	lively
la prenda	item of clothing
el probador	fitting room
el atuendo	outfit
el pantalón de mezclilla	jeans
el dependiente / la dependienta de la tienda	store clerk
la tarjeta de crédito / débito	credit / debit card
la tienda por departamentos	department store
la escalera mecánica	escalator
el pantalón corto	pair of shorts
el par de calcetines	pair of socks
el calzado	footwear

en efectivo	in cash
calle arriba	up the street
suelto / suelta	loose
la espalda descubierta	open back
hecho / hecha a medida	tailored-made
aplaudir	to clap
el silbido halagador	flattering whistle
caro / cara	expensive
la etiqueta	tag
el precio	price
fuera de presupuesto	out of the budget
el descuento	discount
animada / animado	cheerful
el fin de temporada	end of the season
exultante	overjoyed

Summary of the Story in Spanish

Beatriz, Patricia y Santiago van de compras porque los tres necesitan algo de ropa. Empiezan por Patricia, que se compra una camisa y un pantalón de mezclilla en un local de ropa femenina casual. Luego, van a una tienda por departamentos, donde Santiago compra ropa deportiva. Por último, van a una tienda muy elegante para que Beatriz se compre un vestido. Hay uno que le gusta mucho y le queda muy bien, pero es demasiado caro. Por suerte, una dependienta le dice que todas las prendas tienen un descuento del 50%, así que Beatriz se lo lleva.

Exercises

1. ¿Por qué Beatriz quiere comprarse un vestido?

    a. Para ir de fiesta.

    b. Para la boda de su primo Pedro.

    c. Porque le gusta vestirse elegante.

2. ¿Qué opinan Santiago y Beatriz de lo que se prueba Patricia?

    a. A ambos les gusta.

    b. A Beatriz le encanta, pero a Santiago no.

    c. A ninguno le gusta.

3. ¿Qué se compra Santiago en la tienda por departamentos?

    a. Pantalones largos, calcetines y zapatillas deportivas.

    b. Zapatillas deportivas, camisetas, pantalones cortos y calcetines.

    c. Camisetas, ropa interior y zapatos.

4. ¿Cómo paga Santiago su compra?

    a. En efectivo.

    b. Con tarjeta de crédito.

    c. Con tarjeta de débito.

5. ¿Por qué se decepciona Beatriz después de probarse el vestido?

    a. Porque es muy brillante.

    b. Porque tiene la espalda descubierta.

    c. Porque es demasiado caro.

Comprehension Questions

1. ¿Qué quiere comprar Patricia?

2. ¿Cómo es la calle en la que los amigos van de compras?

3. ¿Por qué está aturdido Santiago en la tienda por departamentos?

4. ¿Qué indicaciones les da el dependiente?

5. ¿Cómo es el vestido que compra Beatriz?

Summary of the Story in English

Beatriz, Patricia, and Santiago go shopping because all three need some clothes. They start with Patricia, who buys a shirt and a pair of jeans at a casual women's clothing store. Next, they go to a department store, where Santiago buys sportswear. Finally, they go to an elegant clothing store for Beatriz to get a dress. There's one that she likes very much, and it looks great on her, but it's too expensive. Luckily, a store clerk tells her that all the items have a 50% discount, so Beatriz takes it.

Did you know...?

You can find clothing stores of different styles and prices around Madrid. There are streets full of shops and stores, such as Gran Vía, Fuencarral, Preciados, and Serrano. Some of them, such as Serrano street, have more prestigious and luxurious brands. There are also markets selling vintage clothing and accessories, such as El Rastro, which opens on Sundays.

In Madrid, most stores are open from 10 a.m. until 9 or 10 p.m. and do not close at lunchtime, so you can easily find a time to go during the day, even if you've planned visits to museums or other activities.

And if you're from a non-EU country, you should note that you can be excluded from paying tax on your purchases over 90 EUR in almost all stores. Ask the store clerk for the tax-free form, fill it out, and get it validated at Customs within 90 days of the purchase price. The electronic VAT refund procedure (DIVA) is a simple and speedy way to get your refund.

Chapter 11: El Gran Festival – The Great Festival

Story in Spanish: Una pequeña broma

Patricia **aparca** el coche y **apaga** el motor, pero no quita la llave. Sabe que la parada será corta.

- Santiago, ¿podrías decirle a tu amigo que baje? – dice Patricia. Todavía tiene sueño. Es temprano en la mañana: aún no ha **amanecido**. Pero, si quieren llegar a Haro a tiempo para la Batalla del Vino, tienen que salir realmente **temprano**.

- De acuerdo – contesta Santiago, desde el **asiento del acompañante**, y toma el móvil.

- ¿No vas a tocarle el timbre? Como quieras, supongo – dice Patricia – . Oye, ¿cómo se llamaba este **chaval**? Ya me he olvidado. Es de Colombia, ¿no es cierto?

- Julio – contesta Santiago – . Sí, es de Colombia. Vino a Madrid a estudiar, es **compañero** mío en la universidad. – Entonces Santiago **levanta** la voz – . ¡Mira! Ahí está.

Un muchacho de unos veinte años les **hace señas** desde la puerta de un edificio. Lleva un **pantalón** elegante, de buena tela, una **camisa** blanca fresca y liviana, y **zapatos** de cuero. Se acomoda rápidamente en el **asiento trasero** del coche.

- ¡Buenos días! - dice Julio - . ¿Cómo están? Santi, gracias por invitarme a esto. Tú eres Patricia, ¿no es cierto?

Julio habla rápido. Tiene una actitud entusiasta y **amigable**, muy contagiosa.

- Soy Patricia, sí. Oye, ¿piensas ir así vestido?

- Sí, claro - responde Julio - . A una **cata de vinos** hay que ir elegante, ¿no? ¿Hay algún problema?

- Yo no iría a la fiesta así, pero bueno, es tu **elección** - dice Patricia, indiferente. Ella está vestida con una vieja camiseta de algodón y un short deportivo; Santiago lleva prácticamente la misma ropa. Ambos están usando zapatillas viejas.

En ese momento, Patricia nota que, desde el asiento del acompañante, Santiago le está haciendo señas. Son bastante discretas, pero la indicación es clara: no digas nada más. Patricia entiende que Santiago está haciendo una de sus bromas, y decide, un poco **a regañadientes**, **hacerle caso** a su amigo.

El viaje en coche es rápido y tranquilo. A esa hora, la **autopista** está desierta, por lo que hacen el recorrido en una fracción del tiempo. Llegan a Haro apenas pasadas las ocho de la mañana. Sin embargo, el pueblo, aunque muy decorado, está prácticamente vacío.

- Creí que veníamos a una fiesta - dice Julio, ligeramente **desconcertado**.

- Es que la fiesta es en los **riscos** - responde Patricia - . Para no ensuciar el pueblo.

- ¿Ensuciar? Qué ordenados - contesta Julio, y Santiago deja escapar una risa - . ¿Qué ocurre? - continúa.

- Ya verás - dice Santiago.

A los pocos minutos, el coche llega al escenario de la **batalla** del vino. La imagen es **impactante**. Cientos de personas se arrojan vino con **jarras**, **escudillas** y **pistolas de agua**. Todos tienen la ropa teñida de violeta; muchos llevan pañuelos rojos. Hay **música en vivo**, **altavoces** a todo volumen, y mucho, mucho vino, que se derrama por los cuerpos, por la calle y por la tierra, formando un **barro** pegajoso y festivo.

- Creí que llegaríamos antes de que empezara - dice Patricia, un poco decepcionada - . Tendríamos que haber salido antes.

- ¡Vamos, Patricia! Todavía quedan un par de horas de fiesta – contesta Santiago, mientras abre la puerta del coche y sale a caminar **rumbo** a la fiesta. Casi al instante, recibe un **baldazo** de vino en la espalda. Su camiseta blanca se tiñe de rojo al instante.

Sin embargo, Patricia no sale del coche. Espera la reacción de Julio, quien sigue sorprendido en el asiento de atrás. A ella no le gustan las bromas pesadas, y no está del todo satisfecha con haber sido **cómplice**.

- Qué más da – dice Julio finalmente, recuperando su entusiasmo inicial - . Lo único que importa es no arruinar estos zapatos – agrega, mientras se **desata** los **cordones** - . Eso sí sería un problema. ¿Vamos, Patricia? ¡Antes de que se acabe el vino!

Vocabulary List

Español	Inglés
aparcar	to park
apagar	to turn off
amanecer	to dawn
temprano	early
el asiento del acompañante	passenger's seat
el chaval / la chavala	kid
el compañero / la compañera	classmate
levantar	to raise
hacer señas	beckon
el pantalón	trousers

la camisa	shirt
los zapatos	shoes
el asiento trasero	rear seat
amigable	friendly
contagiosa / contagioso	contagious
la cata de vinos	wine tasting
la elección	choice
a regañadientes	reluctantly
hacer caso	to listen
la autopista	highway
desconcertado / desconcertada	puzzled
el risco	cliff
la batalla	battle
impactante	shocking
la jarra	jug
la escudilla	bowl
la pistola de agua	water gun

la música en vivo	live music
los altavoces	speakers
el barro	mud
rumbo	towards
el baldazo	bucket
la cómplice / el cómplice	accomplice
desatar	untie
los cordones	laces

Summary of the Story in Spanish

Patricia y Santiago pasan a buscar a Julio para ir a una fiesta en un pueblo. Julio es un compañero de Santiago de la universidad. El muchacho aparece vestido muy elegante, porque cree que van a una cata de vino. Por su parte, Patricia y Santiago llevan ropa vieja. Al llegar al pueblo, Julio se sorprende de que no haya nadie, y Santiago le dice que es porque la fiesta es en los riscos. Cuando llegan, se encuentran con una guerra de vino. Santiago le había hecho una broma a Julio, pero él no se ofende: se quita los zapatos y se suma a la batalla.

Exercises

1. ¿Por qué Patricia no quita la llave?
    a. Porque es muy temprano por la mañana.
    b. Porque cree que Julio va a tardar mucho.
    c. Porque sabe que la parada va a durar poco.

2. Señala la prenda de vestir que no lleva Julio:
    a. Una camisa.
    b. Un jersey.
    c. Unos pantalones.

3. ¿Cómo hay que ir vestido a una cata de vinos según Julio?

    a. Elegante.

    b. De cualquier forma.

    c. Casual.

4. ¿Cuál de las siguientes afirmaciones es verdadera?

    a. Patricia le hace caso a Santiago a pesar de que no quiere.

    b. Patricia no le hace caso a Santiago.

    c. Patricia está contenta de hacerle caso a Santiago.

5. Patricia no está satisfecha con...

    a. que la fiesta sea en los riscos.

    b. haber sido cómplice de Santiago.

    c. la ropa que lleva puesta.

Comprehension Questions

1. ¿Por qué los amigos salen tan temprano?

2. ¿De dónde se conocen Santiago y Julio?

3. ¿Qué lleva puesto Patricia?

4. ¿Por qué la fiesta es en los riscos?

5. ¿Por qué Patricia no baja del coche?

Summary of the Story in English

Patricia and Santiago pick up Julio to go to a party in a small town. Julio is Santiago's classmate from college. The kid shows up dressed very elegantly because he thinks he's going to a wine tasting. For their part, Patricia and Santiago are wearing old clothes. When they arrive in town, Julio is surprised that no one is there, but Santiago tells him that the party is in the cliffs. When they get there, they find a wine war. Santiago had played a joke on Julio, but he's not offended: he takes his shoes off, and joins the battle.

Did you know...?

Spain has many famous festivals and celebrations. The most famous ones are probably the Sanfermines in Pamplona, and the Semana Santa (Easter) in Sevilla, which is closely followed by the Feria de Abril.

You've probably seen pictures or even a video of the former. San Fermín begins in the morning, in the hot summer of Navarre, when the *encierro* takes place: six fighting bulls – called *toros de lidia* – are set to run from their corral to the bullring, where the bullfight will take place later that day. Ahead of them, hundreds of men, mostly dressed in white, run, trying not to get horned. Many of them carry a rolled-up newspaper in their hand: it's used to show how close they have run to the bull.

Bullfighting is highly controversial, even in Spain, and you can imagine why. Luckily, not all festivals include bullfights. Semana Santa, in Seville, consists mostly of dozens of processions happening at the same time. Each of them is organized by a *hermandad*, a brotherhood whose members carry huge – *huge* – sculptures of Christ, the Virgin Mary, or the saints on their backs. Singers and music bands are also involved. Meanwhile, locals and tourists fill the streets and the balconies and sing, pray and yell compliments to the images.

Chapter 12: El Futuro es Ahora – The Future Is Now

Story in Spanish: El distrito ecológico

Sandra Gutiérrez **está al frente de** una gran **audiencia**. Es la primera vez que representa al **estudio de arquitectos** de su familia. Y es un proyecto importante, así que está bastante nerviosa.

– Muchas gracias a todos por venir hoy – dice Sandra – . Como ya sabéis, os voy a presentar el **proyecto urbanístico** en el que hemos trabajado: el diseño y la construcción del **distrito residencial** EcoMálaga.

Sandra enciende el proyector. Sus manos están algo temblorosas. Echa un rápido **vistazo** al **público**. Allí hay mucha gente: **vecinos** de Santa Julia, **periodistas**, **empresarios** y **concejales del pueblo**. Todos quieren saber de qué **se trata** el nuevo proyecto del estudio de arquitectos Gutiérrez, S. A.

En la primera fila del auditorio está sentado su hermano, Pedro, que le **sonríe** y **levanta el pulgar**, dándole ánimos. De pronto, Sandra se siente algo más tranquila.

– Bien, como podéis ver en el gráfico, Santa Julia es un pueblo cuya **población** crece año a año. Eso se debe a que mucha gente viene a trabajar al **polígono industrial** que hay cerca, que es el más importante de Málaga y uno de los más importantes de Andalucía. Pues bien, desde Gutiérrez S. A. hemos proyectado un nuevo distrito residencial que **cubrirá** esa **demanda demográfica.** – Alguien **levanta la mano** – . ¿Sí?

– ¿Será un **vecindario** de casas bajas o de **edificios**?

– Serán un total de diez edificios bajos, de hasta tres **plantas**. Se respetará el **código urbanístico** de la provincia. Habrá de dos a cinco **unidades** por edificio.

– Pero ¿qué pasará con los animales? – pregunta una mujer del público – . En los alrededores del pueblo hay **flamencos, garzas** y **zorros**. También **buitres** y **águilas**. ¿Qué va a ocurrir con todos ellos cuando traigáis vuestras **máquinas**?

– No vamos a construir en ninguna zona con presencia de **fauna autóctona** – dice Sandra – . Además, nuestras políticas de construcción son **ecológicas**. Ninguna casa impactará con el **medio ambiente**. Instalaremos un **panel solar** en el techo de cada uno de los diez edificios, para **reducir** la **demanda energética**. ¡De alguna forma hay que **aprovechar** los 300 días de sol que tenemos al año!

La audiencia sonríe. Como buenos malagueños, disfrutan cada vez que alguien habla bien de su región. Sandra se siente más relajada. Para ella es importante ganarse la **simpatía** de los vecinos y las **autoridades locales**. Después de todo, son ellos los que van a habitar el **complejo**.

En ese momento, un hombre mayor, ubicado en el fondo de la sala, se pone de pie. Rápidamente uno de los **asistentes** le acerca un micrófono, para que todos los asistentes escuchen su pregunta.

– Solo tengo una duda – dice el hombre – . ¿Cómo hay que hacer para conseguir un piso allí? Porque mi hijo está buscando un lugar un poco más grande, ahora que es papá...

– ¡En un momento, le daré la información! – responde Sandra, satisfecha.

Vocabulary List

Español	Inglés
estar al frente de	to be in front of
la audiencia / el público	audience
el estudio de arquitectos	architecture firm
el proyecto urbanístico	urban project
el distrito residencial	residential district
el vistazo	quick look
el vecino / la vecina	resident
el periodista / la periodista	journalist
el empresario / la empresaria	businessperson
el concejal del pueblo / la concejala del pueblo	town councilor
tratarse de	to be about
sonreír	to smile
levantar el pulgar	to raise a thumb
la población	population
el polígono industrial	industrial estate

cubrir	to cover
la demanda demográfica	demographic demand
levantar la mano	to raise a hand
el vecindario	neighborhood
el edificio	building
el código urbanístico	urban planning code
la unidad	unit
el flamenco	flamingo
la garza	heron
el zorro	fox
el buitre	vulture
el águila	eagle
la máquina	machine
la fauna autóctona	native fauna
ecológica / ecológico	environmentally friendly
el medio ambiente	environment
el panel solar	solar panel

reducir	to reduce
la demanda energética	energy demand
aprovechar	to take advantage
la simpatía	affection
las autoridades locales	local authorities
el complejo	complex
el asistente / la asistente	assistant, attendee

Summary of the Story in Spanish

Sandra Gutiérrez está presentando un proyecto urbanístico del estudio de arquitectura de su familia frente a vecinos, periodistas, empresarios y concejales del pueblo. Está nerviosa, pero su hermano, Pedro, le da ánimos. Sandra cuenta las especificaciones del proyecto, habla del crecimiento poblacional del pueblo y menciona el polígono industrial cercano. Luego, responde preguntas de los asistentes acerca de la altura de los edificios y el impacto ambiental. La última pregunta la hace un señor mayor, que quiere saber cómo conseguir un piso en la nueva urbanización, lo que alegra a Sandra.

Exercises

1. ¿Qué es lo que está presentando Sandra?
    a. Una gran audiencia.
    b. Un estudio de arquitectos familiar.
    c. Un proyecto urbanístico.
2. ¿Quiénes de estas personas no estaban entre los asistentes?
    a. Políticos locales.
    b. Organizaciones ambientalistas.
    c. Habitantes de la zona.

3. ¿Dónde está su hermano Pedro?

    a. De pie en la primera fila del auditorio.

    b. Sentado en la primera fila del auditorio.

    c. Sentado en la última fila del auditorio.

4. ¿Qué animales no son mencionados por la mujer del público?

    a. Los peces.

    b. Las aves.

    c. Los mamíferos.

5. ¿Qué medidas se tomarán para no impactar en el medio ambiente?

    a. Se instalarán paneles solares en los techos.

    b. Se instalarán molinos eólicos.

    c. Se construirá una reserva para trasladar la fauna autóctona.

Comprehension Questions

1. ¿Cuántas veces representó Sandra al estudio de arquitectos de su familia?

2. ¿Qué implica el proyecto que está presentando Sandra?

3. ¿Por qué la población de Santa Julia crece año a año?

4. ¿Cómo piensan aprovechar los 300 días de sol al año que tiene la zona?

5. ¿Por qué el señor que hace la última pregunta está interesado en conseguir un piso allí?

Summary of the Story in English

Sandra Gutiérrez is presenting a project of her family's architecture firm in front of neighbors, journalists, businessmen, and town councilors. She's nervous, but her brother, Pedro, encourages her. Sandra explains the specifics of the project, talks about the town's population growth, and she mentions the nearby industrial estate. She then answers the public's questions about the height of the buildings and the environmental impact. The last question is asked by an old man who wants to know how to get a unit in the new urbanization, which makes Sandra happy.

Did you know...?

In general, EU countries have strong regulations against pollution, waste, and energy consumption. Within that group, Spain leads the way: it's the European leader in wildlife and biodiversity conservation. The country has 16 national parks, more than a hundred natural parks, almost three hundred natural reserves, and even more natural monuments. If you add them all up, you'll find that around 36% of the country is protected land.

You read that right! A third of Spanish soil is, in one way or another, a reserve. That makes Spain the most biodiverse country in Europe: it is home to 85% of the EU's plant species and 50% of its animal species. And you too can visit these places! From the seaside beauty of Cabo de Creus on the Costa Brava to the martian exuberance of Bardenas Reales, in Castile and Aragon, Spain is full of the spectacle of nature!

Appendix I: Translation & Answer Sheet

Translations

Chapter 1

Story: The confusion

    Santiago Martínez gets to Badajoz airport at eight in the morning. He's with his parents, his younger sister, and his best friend, Luis. They're a little short on time, so they walk quickly and get to the counter to drop off Santiago's luggage. Then, they approach gate fourteen, where the flight is leaving from.

    "Well, son, have a nice trip!" says Mr. Martínez and gives him a warm hug. "Study hard... but have fun too. Make good friends."

    "But don't change me for another friend!" says Luis, smiling, and hands him a folded piece of paper. "Here's a map of Madrid. I've marked on it the most emblematic places in the city. I'll miss you. I'll visit you as soon as I can."

    "I'll be waiting for you all in Madrid," Santiago replies. "Beatriz, my new roommate, has sent me some pictures of the apartment. It's really big. There's a guest room, so you can come and visit me whenever you like." Santiago turns around to say goodbye to his mother... who was in tears! "Mom, don't cry!"

"I'm sorry, honey," says Mrs. Martínez. Her make-up has smudged. "It's just that you've grown so fast... I can't believe you're leaving to study in the big city."

Santiago hugs his mother and then his younger sister.

"Bye!" says Santiago. He looks at his family one last time, with a smile on his face, and hands his ticket to the airline employee.

The flight is surprisingly short, just 45 minutes. Santiago has barely read a few pages of his book (one about dinosaurs that Luis gave him), when the captain announces over the loudspeakers:

"Ladies and gentlemen, we'll be landing at Madrid-Barajas international airport in ten minutes. The temperature outside is 20 degrees Celsius, with clear skies. Thank you for flying with us."

Barajas is... *huge*. A little dazed, dragging his heavy suitcase and a large backpack on his back, Santiago makes his way through people rushing to catch their flight.

A bit later, he finds a glass door that leads outside. When he steps outside, he sees a line of white taxis waiting and hops into one.

"Good morning," Santiago says. "I need to go to Rosas street, number 56."

"Okay," the taxi driver replies and starts driving. "Are you from far away?"

"From Montijo, a little town near Badajoz," Santiago explains.

"You're very young. You look like you're my daughter's age. I guess you've come to study."

"Yes. I've come to study Paleontology at the Universidad Central de Madrid."

"Paleonto... what?"

"It's the science that studies fossils."

"So, you'll discover dinosaurs?" asks the taxi driver.

"Well, I hope so!"

"That's interesting. My daughter will also start studying at the Universidad Central de Madrid this year. She will study Librarianship. Almost as exciting as discovering dinosaurs."

"Librarianship was my second choice," answers Santiago. "I love reading!"

"You'd get along well," answers the taxi driver.

The man continues driving through the streets of Madrid, and Santiago looks out the window. It's ten in the morning, and the city is in full of swing. The streets are full of people. Everyone is walking hurriedly as if they were late for somewhere. The architecture of the buildings is beautiful.

Then, Santiago realizes that something's wrong. He's been in the taxi for half an hour. According to his calculations, the trip from the airport to his new house is much shorter. Besides, he's going through the city center, and it wasn't supposed to be necessary.

The taxi driver stops the car in front of a huge building. That place looks nothing like the one he saw in the picture Beatriz, his future roommate, sent him.

"Well, here we are," says the taxi driver.

"Are you sure this is it?" asks Santiago, nervous. The last thing he wants is to get lost in one of the largest cities in Europe when he's just arrived!

"Yes, Rosas street, number 56."

Santiago pays and gets out of the taxi, which drives away up the street. He raises his head and contemplates the building, which must be about 20 stories high. He's definitely not in the right place. Then, he decides to pull out his mobile phone and call Beatriz.

"Hey, Beatriz! It's Santiago Martínez."

"Oh, my new roommate!" says Beatriz, in a good mood. "I'm waiting for you. Is everything okay? I thought you would get here earlier."

"Yes... Well, not really. I think I told the taxi driver the wrong address."

"Where are you?"

"In Rosas street, number 56."

On the other side of the phone, Beatriz lets out a laugh:

"You're on the other side of the city!"

"What?"

"The apartment address is Ríos Rosas street, number 56."

"No way! What do I do now?"

Santiago looks at his luggage. Going around the city carrying a really heavy backpack and a suitcase is not too tempting... but he has no other choice.

"Don't worry, I'll pick you up in my car," Beatriz says, amused. "I'll be there in half an hour."

"Okay. Thank you very much, Beatriz. See you."

Santiago sighs and sits on the sidewalk curb to wait. He's a bit embarrassed, but luckily, Beatriz seems really nice!

Chapter 2

Story: The roommate

Beatriz is a very charismatic girl... and chatty! She's been talking non-stop during the whole car ride. Santiago has learned a lot about her life: she's 30 years old, she works as a waitress at a restaurant, and she was born in Malaga. She's been living in Madrid for 10 years.

"This is the building," says Beatriz, parking the car in front of door number 56. Ríos Rosas is a lovely street with cobblestones and low buildings. It's quiet, although there is a busy avenue just a few meters away.

"It's an old building, isn't it?" asks Santiago, picking up his luggage and looking around his new home. "I'd say from the 1920s."

"I don't know what decade it's from, but yes, it's *very* old," confirms Beatriz. "The elevator is a million years old. Sometimes it doesn't work, so I hope you don't mind climbing three flights of stairs once in a while. Well... almost always."

Santiago looks down at his very heavy luggage. He's tired and hungry, but he just needs to make one last effort. Soon, he will be able to collapse into bed and get some rest.

"I guess it won't be a problem," he finally replies.

Between the two of them, they carry the luggage upstairs. Finally, exhausted, they reach the apartment.

"Well, welcome home!" says Beatriz.

The living room is spacious and bright. There's a large red sofa with lots of cushions on top. In front of it, there is a TV. Between the sofa and the TV, there's an industrial-style coffee table. Against the wall, there's a bookshelf with some books. Everywhere there are many beautiful plants. A little further, there's a large wooden table with four chairs around it. In the center of the table, there is a huge flower vase. There's also a small balcony with a view of the street.

Everything is clean and tidy.

"This is the living room and dining room," Beatriz explains. "It's my favorite part of the house. On Thursday nights, I gather here with my friends to watch movies. So, if you don't have other plans, you can join us. This week is horror week."

"I'd love to!" answers Santiago.

"Great," says Beatriz. "Well, let's move on. I'm going to show you the bathroom."

"Wait. What about that painting?" Santiago points to the huge realistic painting. It depicts a woman with long, black, curly hair and expressive gray eyes. "It's awesome. Have you bought it, or did it come with the house when you rented it?"

"None of those things. I've painted it myself."

"I can't believe it! Are you a painter?"

"Oh, of course not. It's just a hobby. A silly hobby, really. I'm just an amateur."

"I think you're an excellent artist."

"Thank you," answers Beatriz.

Santiago can see that she's blushing.

"You're welcome!"

Beatriz starts up again. She shows Santiago the bathroom, which has a shower, a sink, and a toilet, and then leads him into the kitchen. The kitchen has a microwave, an oven, a coffee maker, a toaster, a dishwasher, and a fridge. On the other side of the kitchen, there is a small laundry room which has a washing machine and a dryer.

"Well, I think that's it," says Beatriz.

"And my room?" asks Santiago.

"Oh, of course! I'd forgotten it. Come, follow me."

Beatriz leads Santiago down a corridor. There are a few paintings, all very pretty, hanging on the walls. Santiago wonders if those were also painted by Beatriz. Finally, Beatriz opens the last door in the corridor.

"This is your bedroom," says Beatriz.

It's a small room, but it's practical: it has a bed, a desk, and a large closet. The best thing is that it has a window from which you can see a nice park.

"My bedroom is next door. There are two more rooms. One of them will be available for our guests. The other will be for another roommate. I've posted an announcement on an online forum, and many people have written to me.... but I think I already have the right person. She is coming this weekend.

"I'm can't wait to meet her!" answers Santiago.

"We will get along fine for sure," says Beatriz. "One last thing: you should know that I'm *too* tidy."

"Really?" asks Santiago, hoping it won't be a problem. He isn't exactly untidy, but he's definitely not obsessively tidy.

"My suggestion is that we keep the common areas as tidy as possible: the living room, the kitchen, and the bathroom."

"Okay," answers Santiago.

"Of course, you don't have to worry about Lila. I will take care of buying her food and cleaning her litter box."

"Lila?" asks Santiago, puzzled. "Who is Lila?"

At that exact moment, a huge white cat jumps out of a nearby piece of furniture and lands in Santiago's arms.

"Look, she likes you!" says Beatriz.

Chapter 3

Story: How's Family?

Beatriz opens her eyes. Last night she had to work the night shift at the restaurant, so she's very tired. She realizes that her cell phone has been ringing for a while. She looks at her phone screen: it's an unknown number.

"Hello?" she asks, and yawns.

"Hello, is this Beatriz Gutierrez?" says a man's voice from the other side.

"Yes... Who's this?"

"It's Pedro," the man replies.

Beatriz makes an effort to think about who Pedro is. She's still a little sleepy, but she's sure none of her friends are called that.

"I think you're mistaken," Beatriz says, and she's about to hang up the phone.

And just then, the man says:

"Pedro Gutierrez! Your cousin!"

Cousin Pedro! Of course, she hasn't recognized his voice. She hasn't seen him for many years. The two were very close when they were little because they are the same age, but they lost contact when Beatriz moved from Málaga to Madrid.

"Cousin Pedro, how are you?" Beatriz asks. "Is everything okay? Are you still living in Málaga?"

"I'm still living in Málaga, yes, although I'm in Madrid now. I'm here on business. I have a flight back to Málaga this afternoon, but I thought I could visit you before I leave."

"Of course," replies Beatriz. "Do you want to have lunch at my place today?"

"Excellent. At one o'clock?"

"At one o'clock!"

Beatriz hangs up and gets out of bed. Then she goes to Santiago's room. The kid is sitting at his desk while reading a book with a furrowed brow, concentrated.

"Good morning, Santi."

"Hey, Bea! How are you?"

"I'm good. Listen, in a few hours, Pedro is coming for lunch. He's a cousin I haven't seen for years. I thought I could make *ajoblanco malagueño*, a recipe of my grandmother's. Are you in?"

"It sounds delicious... but I can't," Santiago says sadly. "I have to go to college. Classes begin next Monday, so I have to enroll in my subject."

"Of course," Beatriz says. "I'll save you a share."

"I'd love that," Santiago replies.

Shortly after Santiago leaves, the doorbell rings. From the intercom, Beatriz opens the street door for her cousin. A minute later, Pedro appears at the apartment door. He is a tall, well-groomed young man in an elegant black suit. He also carries a briefcase in his hands. He's a businessman. Quite the contrary to Beatriz, who dresses very casually and is covered in tattoos!

"Cousin Pedro!" Beatriz greets him, and they hug briefly. "I haven't seen you since my brother Manolo's wedding. Come in. Lunch is served. I've made *ajoblanco malagueño.*"

"Just like grandma used to make!" Pedro says as he sits down at the table. "You've always been a great cook, cousin."

"I could never match grandma's recipe," Beatriz replies with a smile, sitting down as well. "Well, tell me, Pedro. How are you?"

"Fine, Bea. I'm still working at the architecture firm. I've come to Madrid to meet with some investors."

"And how's everything going in Malaga?

"Very well. I have lots of news. Do you remember María, my girlfriend? Well, we're getting married in June."

"Congratulations!"

"Thank you very much. I hope you can come. We're having a big wedding on the beach."

"Of course. I will be there. And how are your sister Sandra's children?"

"Beautiful and so big!" replies Pedro. "Andrés is going to be seven soon. He talks your ear off. He's at that age when he asks absolutely everything he can think of. 'Mom, why should I eat vegetables?' 'Mom, how much salt is there in the ocean?'" Pedro and Beatriz roar with laughter. "Little Fernanda turned five last month. She has asked Sandra and her father, Miguel, to sign her up for soccer lessons. She loves sports."

"How are your parents?" Beatriz asks. "I haven't seen uncle Antonio and aunt Francisca in a long time."

"They're fine," Peter replies. "Mom's still working at the hospital. Dad is still in charge of the family architecture firm. He's old: he has gray hair! Sandra and I tell him that it's time to retire. That he should rest and travel. That the two of us can take over the firm. But he insists on continuing to work!"

"But your father has always been very jovial," Beatriz says. "Last time I saw him, he looked like a 40-year-old man. Besides, we Gutierrez are very vigorous people."

"That's true," says Pedro. "Well, Beatriz, tell me something about yourself. How are you? Are you still painting those wonderful paintings?"

"Yes, from time to time," replies Beatriz, slightly blushing. "I don't do that for a living, though. I work in a restaurant a few blocks from here. The truth is, I'm doing well. I like my job, I have lots of friends, and I am in love with Madrid!"

"Who isn't?" says Pedro. "You never get bored in Madrid. Theaters, concerts, parks... There's always something to do here. I'd like to visit more often, but I have a lot of work there in Málaga." At that very moment, Pedro's cell phone starts ringing. "Will you excuse me?"

"Of course."

Pedro holds the cell phone to his ear.

"Hello? Yes, that's me. Aha. Of course. That's too bad. And don't you have...? I see. Thank you very much for letting me know." He hangs up. He looks a little worried.

"Is everything all right?" Beatriz asks.

"More or less. My flight back to Málaga has been canceled, and there is no other flight until tomorrow afternoon." Pedro gets up from his chair. "I think I'd better go, Bea. I need to find a hotel for the night."

"A hotel?" Beatriz asks. "None of that, cousin! You can stay here. There's a guest room. You'll be comfortable there."

"But wouldn't it be too much trouble?"

"Of course not. We are family"

Chapter 4

Story: A Morning in Madrid

On Saturday, Santiago decided to go out and explore the city. It's only two days before classes start at university, and he thinks that he won't have much time to walk around afterward.

While having breakfast, he gets a phone call. It's Bea.

"Hey, Santi. I'm already at work; I had to cover the morning shift today. I wanted to tell you that this afternoon, at three o'clock, our new roommate will be arriving, and she's asked me to pick her up at Atocha train station. Would you like to come with me?"

"Of course, Bea," says Santiago. "I'll walk around the city, but I'll be there at three o'clock."

"Great. Have fun!"

At that exact moment, Santiago's phone turns off. Then, he remembers that he forgot to plug it in last night, and now it's out of battery.

"What a problem!" thinks Santiago. "That means I won't be able to check the GPS... and Madrid is huge."

Then, he remembers that, in Montijo, his best friend Luis gave him a map of Madrid before saying goodbye. After looking for it for a while, he finds it in one of the side pockets of his backpack. On the map, Luis has marked some of the most important places in Madrid.

Santiago dresses in light clothes and sunglasses and goes out, ready to start his Madrid adventure.

His first stop is the Museum of Natural Sciences. According to the map, it's pretty close to his house. In fact, it only takes 15 minutes to get there. The museum is beautiful and houses the largest paleontological collection Santiago has ever seen. He's so excited to see the dinosaur fossils that he spends two hours inside.

When he leaves the museum, he heads to El Retiro park, his second stop. According to the map, it's only a few kilometers away... but he doesn't know how to get there!

"Excuse me, madam," he says to a woman walking by. "I'd like to go to El Retiro park. Could you tell me how to get there?"

"Of course, honey. You need to take the bus on line 14."

"Where is the stop?"

"Right there, in front of the pharmacy."

"Ok. And where do I get off?"

"When you see the Cibeles Fountain. It's a short trip of about ten minutes."

"And do you know how much the bus ticket is?"

"One euro and fifty cents," answers the woman.

"Thank you very much, madam!"

Following the woman's directions, Santiago reaches El Retiro smoothly. It's a giant park full of interesting plants and trees. There are also many monuments, such as statues and buildings. There is even a palace made entirely out of glass!

After the stroll, Santiago is exhausted, so he decides to stop at a small restaurant for a bite to eat.

"Good morning, lad," says the waiter. "What can I get you?"

"What do you recommend, sir?"

"The house specialty is *cocido madrileño*. It's a stew with chickpeas, vegetables, meat and cold meats."

"Perfect, I'll order that. And to drink, I'd like a large glass of orange juice, please. I need to recharge my energy to keep on traveling around the city."

After lunch, Santiago checks the map that Luis gave him. One of the nearest tourist sites is the Oriente Palace, so he walks towards it. Luckily, he arrives at the palace gates right on time to join a guided tour. The guide is a young nice woman.

"My name is Carmen, I'll be your tourist guide this afternoon in Oriente Palace," she says. "This is the official residence of the Spanish monarchs, although they don't live here currently. Let's go inside. Follow me."

Santiago enters the palace with a group of tourists, amazed by what he sees. The tour guide turns out to be really good and knows a lot about the palace and everything about Madrid. Santiago learns, for example, that the palace is one of the largest in the world: it has 3,500 rooms and is twice the size of Buckingham palace in London. He also learns that many subterranean tunnels depart from that building and connect it to different parts of the Spanish capital.

"Okay," says the tour guide after a while. "It's going to be half past two. It's time for a break for you to eat something and freshen up. We'll meet at Plaza de la Armería in half an hour.

"Did you say it's half past two?" asks Santiago, astonished.

He's arranged to meet Beatriz to pick up their new roommate! Since he didn't bring his phone and doesn't have a watch, he's completely lost track of time. As all the tourists begin to leave, Santiago approaches Carmen.

"I forgot I have something to do. I need to be at Atocha train station in half an hour. Do you know the quickest way to get there, Carmen?"

"Sure. You need to take line 2 of the metro at Ópera station. It's right in front of a big supermarket. Get off at Sol station and change to line 1 of the metro. Four stops later, you need to get off at Valdecarros station. And that's it! You will get to Atocha in 20 minutes."

"Ok, Carmen. Thank you!"

Santiago leaves the palace in a hurry, trying to memorize all the instructions that Carmen gave him.

Chapter 5

Story: *Paellas, Migas Extremeñas* and Mediterranean Salads

Patricia Solano, Beatriz and Santiago's new roommate, is twenty-five years old and has come from Barcelona. Beatriz and Santiago have shown her around the apartment.

"It's a very nice apartment, and very well located," says Patricia. "Although the part that I liked the most, undoubtedly, is the kitchen. It's very well equipped!"

"Does that mean that you like cooking?" Santiago asks.

"Are you kidding? I'm a professional cook!" says Patricia.

"Really?" Beatriz asks.

"Yeah. While I live in this house, you won't starve. I love cooking for myself and for others. It's my passion."

"What excellent news!" says Santiago. "I'm pretty bad in the kitchen. Bea, on the other hand, is quite good. The other day she prepared some *ajoblanco malagueño* that was delicious."

"My grandmother's recipe," says Beatriz, smiling.

"I'd love to try it," Patricia says.

"And where do you work, Patri?" asks Santiago.

"For the last three years, I was head chef at an important hotel in Barcelona. I left because the work environment was not good. I'm currently unemployed. If you know of any jobs, I'd appreciate it if you'd let me know."

"Sure," Beatriz says. "At the restaurant where I work there is a good atmosphere. My coworkers are very cool, and my bosses are fair people. I'm going to ask them if they need people."

"Perfect," Patricia says. "Well, then, tell me, what do you like eating? I would like to know your preferences so I know what to cook."

"I like everything," answers Santiago. "I really like fish, for instance. I love *paella*. I also like *gazpacho* and *migas extremeñas*."

"*Migas extremeñas?*" Patricia asks. "I've never made that before. What's in the dish?"

"They are made with bread from the previous day, green and red peppers, egg, garlic, *chorizo*, bacon, and seasonings. Oh! And olive oil. My mother makes the best *migas extremeñas* in all of Badajoz. I'll ask her what her secret recipe is."

"Very well. What about you, Bea? What do you like to eat?" asks Patricia.

"I'm a vegetarian. I love Mediterranean salad with tomato, lettuce, carrot, and olives. I also like potato omelets. And cheese croquettes."

"And do you prefer fried or baked food?"

"Baked," Bea says. "Oily food gives me a stomach ache."

"I like food cooked both ways," says Santiago.

Patricia smiles and asks:

"Is there anything you *don't* like, Santi?"

Santiago thinks for a moment and then, smiling, he answers:

"I don't think so!"

Chapter 6

Story: A Blow of Fate

Patricia goes to her fourth job interview in a week. It's at an old and somewhat dirty restaurant. The interviewer is serious and wary. After a short conversation, he asks her: "Do you speak other languages besides Spanish?"

"Yes. I speak English, Catalan, and a bit of French," says Patricia.

"And do you live nearby?"

"I live on Ríos Rosas street, number 56. It's two subway stations from here."

"Ok. I'll call you back."

The interviewer hands her the résumé back, and Patricia leaves for her next interview at a really trendy bar in the Chueca neighborhood. The interviewer is lovely and seems pretty interested in Patricia's profile.

"It says here that you worked at the Mediterráneo Hotel for three years; it's really prestigious... But, was that your only job?"

"Yes," answers Patricia. "Before I started working, I was studying at the Instituto de Cocina de Barcelona."

"Very good." The interviewer hands her résumé back to her. "Do you know how to prepare cocktails?"

"I've never done it, but I can try!"

"Ok. We'll give you a call."

The interviewer doesn't seem so lovely anymore.

Frustrated, Patricia sits on the terrace of a bar in Plaza Mayor de Madrid and orders an iced tea. She looks at a group of tourists taking pictures while she thinks that she has to find a job *urgently*. Otherwise, she will have to return to her parent's house in Barcelona.

At that moment, the waiter arrives with her order.

"Here it is: strawberry and blueberry iced tea," she says, while leaving the glass on the table. "Are you looking for a job?" she asks upon seeing the folder with Patricia's résumé.

"That's right," answers Patricia, suddenly happy. "I'm a professional chef. Do you happen to need staff in this bar?"

"I'm sorry, not right now," answers the waiter.

"Oh, ok."

"But you can leave your résumé if you want. If we need to fill a vacancy in the kitchen, we'll keep you in mind."

"Ok, thanks a lot," answers Patricia and hands the résumé to the waiter.

Patricia quietly sips her iced tea as she watches tourists walking around and taking pictures of Plaza Mayor de Madrid. Then, someone speaks to her.

"So you're a professional chef?"

Patricia turns around. The person speaking is a very pretty, elegant, middle-aged woman sitting at a nearby table, drinking a pint of beer. She's got long red hair and is wearing a nice white dress and large sunglasses.

"Yes," answers Patricia. "I arrived in Madrid a few days ago. In Barcelona, I've worked for three years as head chef of the Mediterráneo Hotel."

"The Mediterráneo Hotel? Wow, that place has a great reputation. I've been lucky enough to stay there several times."

"Really?" asks Patricia. "Then, if you've ordered food at the hotel restaurant, you must have tried some of my dishes. I made up the menu myself."

"I see," says the woman. "Yes... I remember a really exquisite *crema catalana*. Are you responsible for that?"

"The very one!"

"And what about those *calçots* in *romesco* sauce?"

"Those too."

"Impressive," said the woman. "Honestly, impressive. What's your name?"

"Patricia Solano."

"You seem very nice, Patricia. Tell me, do you like TV?"

"TV?" asks Patricia, astounded. "Not really. Well... I've never watched much TV."

"You'd work well in front of a camera. You have what they call... *charm*."

Patricia didn't know how to respond to that. The conversation was getting a little strange. The woman drinks a long sip of her pint and then says:

"My name is Isabel Vega Muñoz."

"Isabel Vega Muñoz?" asks Patricia, surprised. "I'm sorry, I didn't recognize you with the sunglasses."

Patricia can't believe that she is in front of the real Isabel Vega Muñoz, a famous TV host.

"Have you ever seen one of my shows?" asks Isabel.

Patricia knows that Isabel is very well-known, although she's *never* seen one of her shows. However, she thinks it's not too polite to say that, so she says:

"Once or twice."

"Then, I'm sure you know that my shows are usually magazines. There are interviews with celebrities, contests... and a cooking section. Well, it turns out I'm looking for a charismatic person but, above all, someone who knows how to cook. I need them to take care of the cooking section of my new cooking show, which will premiere next week."

Patricia can't believe what she just heard. Her? On TV?

"But I've never been in front of a camera."

"You'll learn," answers Isabel.

"But, why me? Aren't there many other more experienced people on TV?"

"I do believe in destiny, Patricia," says Isabel. "And I think that destiny has put us at two adjacent tables this afternoon for a reason. Why don't you try it? If you don't like it, nobody will force you to stay."

"I don't know," says Patricia, not at all convinced. "Can we discuss my fees?"

Isabel grabs a napkin and pulls a pen from her sophisticated purse. She writes down something quickly and passes the paper to Patricia.

"This is what you'd earn."

"Wow! That's a great salary. It's more than I was making at the Mediterráneo Hotel."

Patricia thinks about it for a moment. The truth is that she gets a little nervous in front of the camera. But then she thinks it could be an interesting challenge. Besides, she remembers that her grandmother Rosa is a viewer of Isabel Vega Muñoz's shows. Patricia imagines the look on her face when she sees her on TV.

"Ok, Isabel. I'll give it a try. But... Can I ask you something?"

"Anything."

"Would you sign an autograph for my grandmother Rosa? She adores you!"

Chapter 7

Story: Doctor, What Do I Have?

"New beginnings are never easy," thinks Damián. His breathing is intermittent, and his hands are shaking. He's nervous, but that's not unusual. It's his first day as a resident doctor at Santa Barbara Hospital; it's also the end of a long journey. And endings are never easy.

"This is your office," says Amparo, the second-year resident who is showing him around the hospital. "This is where you'll receive your first patients. Any questions?"

"No, thank you very much," says Damián.

Hearing him, Amparo frowns for a second. She doesn't seem to have quite understood him.

"Excuse me, where are you from?" she asks.

"I'm from Argentina," Damián replies.

"I thought so!" exclaims Amparo. "That accent is unmistakable. From Argentina, then. Madrid is full of Argentines, but I imagine you already know it. What are you doing here?"

"When I graduated from college in Buenos Aires, I decided I wanted a change," Damián answers. "Getting a degree in medicine is a very long journey. Then I saw that I had the possibility to apply for a residency in Madrid, and... Well, here I am."

"You'll love the city, you'll see," says Amparo as she approaches the door. "Excuse me, but I have to go: there are many new residents to guide. Let me know if you have any problems, and good luck!"

Amparo leaves the office, leaving the door open. Shyly, Damián sits behind the desk, with his white coat open, and turns on the computer. He really doesn't know what to expect. It's his first day on call.

"Excuse me, doctor," he hears.

Damián looks up. In front of him, there's a very young man, no more than twenty years old. He looks pale and walks with difficulty.

"Come on in," says Damián. "Sit down. How are you?"

"Fine," the young man whispers.

Just then, the man's name appears on the computer: Santiago Martinez.

"Tell me, Santiago, why are you here?" asks Damián. He tries to sound as professional as possible. It's his first day, but his patients don't need to know that.

"My stomach aches," Santiago replies, "and I feel nauseous. That's the main thing. But I also have an ugly headache; I think I even feel a little feverish. I'm also sweating a lot, and I have chills. Like the flu."

"Sounds pretty uncomfortable," says Damián. "What kind of pain do you feel in your stomach?"

"I don't feel it all the time," Santiago says. "It comes and goes..."

Santiago is suddenly silent, and his face becomes even paler. Damián can hear his patient's stomach making strange noises.

"Any other symptoms?" asks Damián.

"I don't think so," replies Santiago. "Doctor, I'm scared I have appendicitis."

Damián remembers his studies. Sudden stomach aches, nausea, fever, a young patient. It's a possibility.

"Lie down on the stretcher, please," Damián says. "And pull up your t-shirt a little."

Santiago follows the doctor's orders. Damián feels the right side of his abdomen. There's no swelling. He can rule out appendicitis.

"When did the aches begin?" asks Damián as he steps away and lets his patient get dressed.

"Last night," Santiago replies.

"What did you do yesterday?" Damián asks.

"Yesterday..." replies Santiago. "I went to college, I had classes. In the afternoon, I studied at home, and then I watched a TV show. In the evening, I had dinner with my roommates. At that time, I felt good; and I was lucky because there were *migas extremeñas* for dinner. One of my roommates is a chef, you know, and ..."

"What are *migas extremeñas*?," interrupts Damián.

"It's a typical dish from Extremadura, where I come from," Santiago replies. "It has bread from the previous day, green and red peppers, eggs, garlic, *chorizo,* and bacon."

"Sounds pretty heavy," says Damián. How much did you eat?"

"I don't know..." Santiago replies. "Six plates?"

"Six plates of fried bread with *chorizo!*" says Damián, suddenly relieved. His first diagnosis is much simpler than he expected. "Don't worry, Santiago, you don't have appendicitis. You have indigestion!"

Chapter 8

Story: A Special Visit

The doorbell rings in the apartment at Ríos Rosas 56. Immediately, Patricia stands up.

"Guys! My grandmother Rosa has arrived!" says Patricia while she gets closer to the intercom.

At that moment, Santiago and Beatriz come out of their bedrooms. They approach the kitchen, where food is served. It's about 8 in the evening.

"Come in," says Patricia by the intercom and presses the button that opens the front door. "The elevator worked today, right? I don't want my grandmother carrying her suitcases up three flights of stairs."

"It worked this afternoon," answers Santiago from the other room.

After a minute or two, the apartment doorbell rings. Patricia opens the door quickly.

"Grandma!" Patricia then says and rushes in to hug a seventy-five-year-old woman.

The hug doesn't last long. Quickly, Patricia grabs her grandmother's suitcases and carries them inside the apartment.

"Come in; we were waiting for you to eat," says Patricia. "These are Santiago and Beatriz, my roommates."

"It's a pleasure," says Rosa while she enters the house.

"Patricia always talks about you," says Beatriz. "She told us that you taught her how to cook. Maybe that's why she put so much effort into dinner... There's enough food for an army!"

Beatriz points to the kitchen table: there are five different dishes, each the size of two or three generous servings.

"What a joy to have you here," says Patricia. "Sit; you must be hungry. How was the trip?"

"Oh, it was excellent," answers Rosa. "The train from Barcelona is really comfortable. I've never taken it before! It's like traveling first class. I still remember when, to come to Madrid, we had to take an endless bus. I would take a needle and thread, and, by the time I got to the station, I had knitted a vest for one of my grandchildren."

"They were really good vests," answers Patricia, amused. "My grandmother traveled a lot between Barcelona and Madrid when she was young, with my grandfather," she clarifies for Santiago and Beatriz.

"Why?" asks Santiago while he serves some *croquetas* on his plate.

"Jorge was from Madrid," answers Rosa. "We'd come to visit his family. Patricia, have you visited any of your relatives around here? Eduardo would be pleased to welcome you."

"Not yet, grandma," says Patricia. "I know that Eduardo is grandpa's cousin, but I don't know him! I am shy."

"Nonsense," answers Rosa. "We will visit him tomorrow. Eduardo is lovely."

"Patricia, this black rice is incredible," Beatriz says then. "I think it's the best I've ever eaten."

"Family recipe," says Patricia, smiling.

"But yours is better!" answers Rosa. "When she was little, she was always in the kitchen. Some kids are drawn to TV; she only wanted to get near the oven. I used to put her next to me, give her a blunt knife, and she would imitate everything I did."

"That's how I learned everything I know," says Patricia, shrugging. "Cooking school was just to get the degree. Actually, my best dishes were always the ones my grandma Rosa taught me."

"Did you spend a lot of time together?" asks Santiago.

"Yes, because my parents worked late," answers Patricia. "Then, when I got out of school, I'd go straight to grandma's house. I'd spend the afternoon there. Sometimes we read together, sometimes she played canasta with her friends. She basically raised me. So now you know who to blame for everything you have to suffer," jokes Patricia, addressing her roommates.

"You exaggerate everything, Patricia," says Rosa. "You were raised by your mother. I just did what I could to help. And, anyway, I don't think these nice kids are having such a bad time with you, right?"

"Not at all," says Santiago while he refills his plate. It's clear he's recovered from last week's indigestion. "Especially when Patricia prepares an *escalivada* like this one!"

Chapter 9

Story: The *Cantaora*

Beatriz gets to work. Her boss, Mrs. Ordóñez, greets her with a kiss on the cheek. Beatriz has been working at the restaurant for a long time, and there's a lot of trust between them.

"Good night, Bea," says Mrs. Ordóñez. "Are you ready?"

"Yes, as always," answers Beatriz as she sets her purse behind the bar.

"It's just that this won't be a night like the others," says Ordóñez. "But... don't you know yet? Miguel, haven't you told her?"

Miguel, another of the restaurant's waiters, flashes an apologetic smile.

"I'm sorry, boss," he says. "I just didn't mean to make her nervous."

"What are you talking about?" asks Beatriz.

"Tonight, we have a reservation for flamenco *cantaora* Sara Alas," explains Ordóñez.

"You're kidding me," says Beatriz.

"Of course not," answers Ordóñez. "And I want you to handle her table."

"Really?" asks Beatriz. Suddenly, she feels her hands sweating. "I'm a big Sara Alas fan!"

"Of course we know," answers Miguel. "Whenever you put on some music, it's always Sara Alas!"

"I just grew up listening to her music," explains Beatriz. "When I was a child, I went to see one of her shows at a *tablao* in Malaga with my parents. I was fascinated by her voice, so sweet and so strong. Besides, her lyrics are really powerful. If I had her in front of me, I'd tell her that she's the best *cantaora* in Andalusia."

"Well, then it's your lucky day; she just walked in," says Miguel, pointing to the restaurant door.

Sara Alas comes in with her work team. Beatriz immediately recognizes Paco Figueroa, the guitar player who usually accompanies her in her presentations. Mrs. Ordóñez walks towards them and, after greeting them cordially, leads them through the restaurant to the table they've been assigned. The restaurant customers, who aren't many at that hour, turn their heads to look at them and whisper.

Beatriz knows it's her moment to act. However, she's too nervous.

"You'll do great, Bea," says Miguel. "Remember, you're a professional."

Bea takes a deep breath and walks over to the newcomers' table.

"Good evening, Mrs. Salas. I mean, Mrs. Alas," says Beatriz clumsily. "It's our pleasure that you've chosen our restaurant this evening. I mean, tonight! I'll leave the menu for you to check.

Bea leaves in the direction of the bar. At that moment, Mrs. Ordóñez appears with a bottle of wine in her hand.

"Here, take this wine on the house, please," she asks Beatriz.

Beatriz takes the wine and goes to the table. She starts pouring it into the glasses of Sara Alas and the rest of her team. As she does so, with shaking hands, she accidentally spills a splash of wine on Sara's white blouse.

"Oh!" exclaims Beatriz. "I'm really sorry!"

She's very embarrassed and doesn't know what to say. Sara Alas stares at her. And then, she smiles.

"Don't worry. It's just a blouse. Tell me, is this your first day?"

"No!" answers Beatriz. "I've been working here for years. It's just that I'm a great fan of yours, and I want you to have a perfect evening. You are the best *cantaora* of Andalusia."

"Thank you very much for the compliment," says Sara. "Will you come to my show next weekend?"

"I couldn't get tickets, Mrs. Alas," explains Beatriz.

Sara takes something out of her pocket and hands it to Beatriz.

"Well, now you do. Come with friends."

Beatriz looks at what Sara just gave her. They're three front-row tickets for her concert in one of the most famous *tablaos* in Madrid.

"Thank you very much!" says Beatriz, happy.

Without a doubt, it will be the perfect Saturday plan with Santiago and Patricia, her roommates.

"And now, please pour the wine... *inside* the glass," says Sara Alas, still smiling.

Chapter 10

Story: The Dress

Beatriz, Patricia, and Santiago go shopping. Each one has a different reason: Beatriz wants to buy a dress for her cousin Pedro's wedding; Patricia is looking for something simple to go out partying, and Santiago wants to get a sports outfit to go to the gym.

Beatriz drives the car to a very lively street full of people and stores. The first stop is a large casual women's clothing store.

Patricia picks up several items of clothing and goes into one of the fitting rooms. A few minutes later, she comes out to show the outfit to her friends. She's wearing a pretty blue shirt and jeans.

"What do you think?" she asks.

"I love it!" says Beatriz.

"Yes, it's very nice," Santiago agrees.

"Okay, I'll take it," she says and turns to the store clerk. "Excuse me, can I pay by card?"

"Of course, we accept debit and credit cards."

Patricia pays, and they all head out in search of the next goal: sportswear for Santiago. Bea, who knows Madrid, takes them to a huge department store, but Santi is not used to shopping in such large places, and he doesn't know which way to go; he feels a bit dazed.

"Don't worry, Santi," Patricia says. "Let's ask someone who works here. Hey, excuse me, could you tell me where I can find men's sportswear?"

"Yes, of course," replies a young man wearing a t-shirt with the store's logo. "The men's clothing is on the fourth floor. You can go up these escalators. Once you get there, go to the left. There's everything you need for sports."

The three friends go up to the fourth floor and find the sportswear. Santiago chooses two t-shirts, a pair of shorts, and three pairs of socks. Then, they go to the footwear department to choose running shoes. Santiago tries them all on and, satisfied, heads to the checkout area, where he pays in cash.

The last stop is a very elegant clothing store up the street. Beatriz is looking for a formal dress, but nothing pleases her: one dress is too long, the other is too short, a third is too shiny...

Finally, she finds the perfect dress. It's loose-fitting, just above the knees, with an open back and bright colors: perfect for a wedding on the beach. Plus, it fits her perfectly, almost as if it had been tailor-made. When she leaves the fitting room, Santiago claps, and Patricia lets out a flattering whistle. There's no doubt that's the dress she has to buy.

However, there's a problem.

"It's too expensive," Beatriz says as she looks at the price tag. "I could never afford it."

Disappointed, she goes back to the fitting room and takes it off. On her way out, a store clerk asks her how it went.

"It was perfect for me, but it's way out of my budget," Beatriz replies, sad.

"Even with the discount?" asks the clerk.

"Is there a discount? I didn't know that!" says Beatriz, a little more cheerful.

"All items have an end-of-season discount of fifty percent."

"Fifty percent?!" the three friends exclaim in unison.

"Then yes, I'll take it!" says Beatriz, exultant.

Chapter 11

Story: A Little Joke

Patricia parks the car and turns off the engine, but she doesn't remove the key. She knows it will be a short stop.

"Santiago, could you tell your friend to get out?" she says. She's still sleepy. It is early in the morning: the sun hasn't risen yet. But, if they want to get to Haro in time for the Wine Battle, they have to leave really early.

"Okay," answers Santiago from the passenger's seat, and he grabs his cell phone.

"Aren't you going to ring the bell? Suit yourself, I suppose," Patricia says. "Hey, what's this kid's name again? I've already forgotten. He's from Colombia, isn't he?"

"Julio," says Santiago. "Yes, he's from Colombia. He came to Madrid to study; he is my schoolmate." Then Santiago raises his voice. "Look! There he is."

A guy in his twenties beckons him from the door of a building. He's wearing smart pants made of a nice fabric, a light white shirt, and leather shoes. He quickly sits down in the rear seat of the car.

"Good morning!" greets Julio. "How are you? Santi, thank you for inviting me to this. You're Patricia, right?"

Julio speaks fast. He has an enthusiastic and friendly attitude that's very contagious.

"I'm Patricia, yes. Hey, are you going to go dressed like that?"

"Yes, of course," Julio replies. "You have to dress elegantly for a wine tasting, right? Is there a problem?"

"I wouldn't go to the party dressed like that, but it's your choice," Patricia says, indifferent. She's wearing an old cotton t-shirt and athletic shorts; Santiago is wearing practically the same. They're both wearing old sneakers.

At that moment, Patricia notices that, from the passenger seat, Santiago is trying to tell her something. He's pretty discreet, but the indication is clear: don't say anything else. Patricia understands that Santiago is making one of his jokes, and she decides, a little reluctantly, to listen to his friend.

The drive is quick and quiet. At that time of the day, the highway is deserted, so they make the route in a fraction of the time. They arrive in Haro shortly after eight o'clock in the morning. However, the village, although highly decorated, is practically empty.

"I thought we were coming to a party," says Julio, slightly puzzled.

"It's just that the party is on the cliffs," replies Patricia. "So we don't make a mess in town."

"Make a mess? How tidy," Julio replies, and Santiago lets out a laugh. "What's going on?" Julio asks.

"You'll see," Santiago says.

A few minutes later, the car arrives at the scene of the wine battle. The image is shocking. Hundreds of people are throwing wine at each other with jugs, bowls, and water guns. All their clothes are violet; many are wearing red handkerchiefs. There is live music, loudspeakers, and a lot of wine, which is spilled over bodies, on the street, and on the ground, forming sticky and festive mud.

"I thought we'd get here before it started," Patricia says, a little disappointed. "We should have left sooner."

"Come on, Patricia! We still have a couple of hours of partying left," says Santiago, opening the car door and walking towards the party. Almost instantly, he receives a bucket of wine on his back.

His white t-shirt turns red.

However, Patricia doesn't leave the car. She's waiting for Julio's reaction, who is still surprised in the back seat. She doesn't like pranks, and she's not entirely comfortable with having been an accomplice.

"Whatever," Julio finally says, regaining his initial enthusiasm. "The only thing that matters is not ruining these shoes," he adds while untying his laces. "That would be a problem. Shall we, Patricia? Before the wine runs out!"

Chapter 12

Story: The Ecologic District

Sandra Gutierrez is in front of a large audience. It's her first time representing her family's architecture firm. And it's an important project, so she's pretty nervous.

"Thank you all very much for coming today," Sandra says. "As you know, I am going to present the urban planning project we have been working on: the design and construction of the EcoMálaga residential district."

Sandra turns on the projector. Her hands shake a little. She takes a quick look at the audience. There are many people there: the residents of Santa Julia, journalists, business people, and town councilors. Everyone wants to know all about the new project of the architecture firm Gutiérrez, S.A.

His brother, Pedro, is sitting in the front row of the auditorium. He smiles at her, raising his thumb and giving her encouragement. Suddenly, Sandra feels a little calmer.

"Well, as you can see from this graphic, the population of Santa Julia has been growing year after year. This is because many people come to work in the nearby industrial state, which is the most important in Málaga and one of the most important in Andalusia. Well, in Gutiérrez S.A., we have projected a new residential district that will cover that demographic demand." Someone raises their hand. "Yes?"

"Will it be a low-rise neighborhood, or will it have towers?"

"There will be a total of ten low-rise buildings, up to three stories. The urban code of the province will be respected. There will be two to five units per building."

"But what will happen to the animals?" asks a woman in the audience. "There are flamingos, herons, and foxes around the village. There are also vultures and eagles. What will happen to all of them when you bring in the machines?"

"We are not going to build in any areas where native wildlife is present," Sandra says. "Also, our construction policies are environmentally friendly. The house will have no impact on the environment. We will install solar panels on the roof of each of the ten buildings to reduce the energy demand. We have to take advantage of the 300 days of sunshine we have a year!"

The audience smiles. As good locals, they enjoy every time someone speaks well of their region. Sandra feels more relaxed. It's important for her to win the sympathy of neighbors and local authorities. After all, they are the ones who are going to live in the complex.

At that moment, an older man sitting at the back of the room stands up. Quickly, one of the attendees hands him a microphone so that all those present can hear his question.

"I have only one doubt," the man says. "How do you get an apartment there? Because my son is looking for a bigger place, he has a kid now ..."

"I'll give you the information right now!" Sandra replies, satisfied.

Answer Sheets

Chapter 1

Exercises

1. b. están ajustados de tiempo.
2. c. ¡Qué tengas un buen viaje!
3.
   a. amigo
   b. piso / vivienda
   c. taxi

4. c. Edificios bellísimos.

5. a. Calle Ríos Rosas, número 56.

Comprehension Questions

1. Sus padres, su hermana y su mejor amigo, Luis.

2. En un piso con Beatriz.

3. Paleontología.

4. Llama a Beatriz.

5. En coche.

Chapter 2

Exercises

1. b. Inodoro.

2. c. Contra la pared.

3. a. Lavavajillas.

4. b. Pequeña y práctica.

5. a. El gato de Beatriz.

Comprehension Questions

1. Hermosa, con adoquines y edificios bajos y silenciosa.

2. Una mesa de café.

3. Se reúne con sus amigos en la casa a ver películas.

4. Pintar cuadros.

5. No, pero no es un obsesivo del orden.

Chapter 3

Exercises

1. b. Casual.

2. c. La novia de Pedro.

3. a. La abuela.

4. c. Tiene que inscribirse a las asignaturas.

5. a. En lo de su prima Beatriz.

1. Porque la noche anterior ha tenido que trabajar en el turno nocturno.
2. Porque tienen la misma edad.
3. Desde la boda de Manolo, el hermano de Beatriz.
4. Fernanda tiene cinco. Andrés tiene seis.
5. Los teatros, conciertos, parques. Que siempre hay cosas para hacer.

Chapter 4

Exercises

1. a. En el bolsillo lateral de la mochila.
2. c. 15 minutos.
3. a. Un palacio.
4. b. Triplica el tamaño del palacio de Buckingham.
5. a. No lleva el móvil.

Comprehension Questions

1. Olvidó enchufarlo a la corriente y se quedó sin batería.
2. A una mujer que pasa por allí.
3. Cocido madrileño y un zumo de naranja.
4. En la estación de trenes de Atocha.
5. Debe tomar 2 líneas de metro y tardará unos 20 minutos.

Chapter 5

Exercises

1. c. La cocina.
2. b. Porque a Patricia le gusta cocinar.
3. a. Tomates.
4. a. Porque había mal ambiente laboral.
5. c. Sopa de pollo.

Comprehension Questions

1. Es la nueva compañera de piso de Beatriz y Santiago, tiene veinticinco años y viene de Barcelona.

2. Beatriz.

3. Sus compañeros de trabajo son muy guays. Sus jefes son personas justas.

4. La ensalada mediterránea lleva tomate, lechuga, zanahoria y aceitunas.

5. Porque la comida con demasiado aceite le provoca dolor de estómago.

Chapter 6

Exercises

1. a. En el hotel Mediterráneo.
2. b. ¿Hablas otros idiomas?
3. a. Turistas tomándose fotos.
4. c. Isabel Vega Muñoz.
5. c. Porque cree en el destino.

Comprehension Questions

1. Un restaurante viejo y un poco sucio.
2. Porque si no tendrá que volver a Barcelona a la casa de sus padres.
3. Es una mujer de mediana edad, muy guapa y elegante.
4. Que parece simpática, que funcionaría bien en cámara y que tiene ángel.
5. Un autógrafo para su abuela Rosa.

Chapter 7

Exercises

1. c. Porque está nervioso.
2. c. Una médica.
3. a. Por su forma de hablar.
4. b. Desorientación.
5. a. De tener apendicitis.

Comprehension Questions

1. Es su primer día.

2. Porque, cuando terminó la universidad, decidió que quería un cambio y vio que tenía la posibilidad de aplicar a una residencia en Madrid.

3. Se sienta detrás del escritorio e inicia el ordenador.

4. Le pide que se acueste en la camilla y que se levante la remera. Luego, le palpa el lado derecho del abdomen.

5. Porque su primer diagnóstico es mucho más sencillo de lo que esperaba.

Chapter 8

Exercises

1. b. A las 20.

2. c. Barcelona.

3. a. Un bus.

4. c. El primo del abuelo de Patricia.

5. b. Rosa

Comprehension Questions

1. Patricia.

2. Cómodo.

3. Tejer chalecos para sus nietos.

4. Rosa la ponía junto a ella y le daba un cuchillo sin filo y Patricia imitaba todo lo que hacía.

5. Recuperado.

Chapter 9

Exercises

1. b. Que hoy tienen una reserva para una cantaora famosa.

2. a. Beatriz.

3. b. Poderosas.

4. c. En el apellido de Sara.

5. a. El vino.

Comprehension Questions

1. Tienen mucha confianza.
2. Porque fue a un espectáculo suyo cuando era pequeña y quedó fascinada con su voz y sus canciones.
3. Giran el cuello para verla y cuchichean.
4. Sonríe y le pregunta si es su primer día.
5. Tres entradas para la primera fila de su concierto.

Chapter 10

Exercises

1. b. Para la boda de su primo Pedro.
2. a. A ambos les gusta.
3. b. Zapatillas deportivas, camisetas, pantalones cortos y calcetines.
4. a. En efectivo.
5. c. Porque es demasiado caro.

Comprehension Questions

1. Patricia quiere algo sencillo para ir de fiesta.
2. Es una calle muy animada y llena de gente y tiendas.
3. Porque no está acostumbrado a comprar en lugares tan grandes y no sabe para dónde ir.
4. Les dice que la indumentaria masculina está en el cuarto piso. Que suban por las escaleras mecánicas y vayan a la izquierda.
5. El vestido que compra Beatriz es suelto, justo por encima de las rodillas, con la espalda descubierta y de colores alegres.

Chapter 11

Exercises

1. c. Porque sabe que la parada va a durar poco.
2. b. Un jersey.
3. a. Elegante.

4. a. Patricia le hace caso a Santiago a pesar de que no quiere.

5. b. Haber sido cómplice de Santiago.

Comprehension Questions

1. Para llegar a Haro a tiempo para la Batalla del Vino.

2. Santiago y Julio son compañeros de la universidad.

3. Una vieja camiseta de algodón, un short deportivo y unas zapatillas viejas.

4. Para no ensuciar el pueblo.

5. Porque espera la reacción de Julio.

Chapter 12

Exercises

1. c. Un proyecto urbanístico.

2. b. Organizaciones ambientalistas.

3. b. Sentado en la primera fila del auditorio.

4. a. Los peces.

5. a. Se instalarán paneles solares en los techos.

Comprehension Questions

1. Esta es la primera.

2. El diseño y la construcción del distrito residencial EcoMálaga.

3. Porque mucha gente va a trabajar al polígono industrial que hay cerca.

4. Con los paneles solares que se van a instalar en el techo de cada uno de los diez edificios, para reducir la demanda energética.

5. Porque su hijo está buscando un lugar un poco más grande porque ha sido papá.

Appendix II: Vocabulary Reference

Here you will find all the vocabulary lists we've seen so far throughout the book, given in alphabetical order. In addition, we'll include the type of word, the pronunciation, the definition, and the page number where you can find the word.

¡Ostras!

(interjection) ['oṣträs] Yikes!

Expression used when someone is surprised or angry. It is used to avoid saying a "bad word". ... 45

¡Que tengas un buen viaje!

(phrase) [ke̞ 'teŋgäs bue̞n 'biäxe̞] Have a nice trip!

Used to say goodbye and wish someone a nice trip.
.... 3

¿Buscas trabajo?

(phrase) ['buskäs tɾä'bäxo̞] Are you looking for a job?
.... 43

¿De dónde eres?

(phrase) [de̞ 'do̞nde̞ 'e̞ɾe̞s] Where are you from? 50

¿Ese ha sido tu único trabajo?

(phrase) ['e̞se̞ ä 'sido̞ tu 'uniko̞ tɾä'bäxo̞] Was that your only job?................ 42

¿Hablas otros idiomas?

(phrase) ['äbläs 'o̞tɾo̞s i'dio̞mäs] Do you speak other languages? 42

¿Podría indicarme cómo llegar?

(phrase) [poˌˈdɾiä indiˈkäɾmeˌˈkomoˌʎeˌˈgäɾ] Could you tell me how to get there?

A somewhat formal way of asking for directions.

¿Qué me recomienda?

(phrase) [keˌmeˌ reˌkoˈmiendä] What do you recommend?

Phrase to ask the waiter or waitress what to order.

¿Qué te pongo?

(phrase) [keˌteˌˈpoŋgo] What can I get you?

Phrase used in Spain by the waiters and waitresses to ask what you want to order.

¿Sabes preparar cócteles?

(phrase) [ˈsäbeˌs preˌpäˈɾäɾ ˈkokteˌleˌs] Do you know how to prepare cocktails?

¿Vives cerca de aquí?

(phrase) [ˈbiβeˌs ˈseɾkä deˌ äˈki] Do you live nearby?

a regañadientes

(adverb) [ä regäɲäˈdienteˌs] reluctantly

aceite de oliva

(noun) [äˈsejteˌdeˌoˌˈliβä] olive oil

aceituna

(noun) [äseiˈtunä] olive

adoquín

(noun) [ädoˌˈkin] cobblestone

Carved stone in the shape of a rectangular prism for paving

aerolínea

(noun) [äeɾoˈlineä] airline

An air travel company

agradecer

(verb) [ägɾädeˌˈseɾ] to appreciate

To show gratitude or give thanks

águila

(noun) [ˈägilä] eagle

aguja

(noun) [äˈguxä] needle

ajoblanco malagueño

(noun) [äxoˌˈblänkoˌ mäläˈgeɲoˌ] ajoblanco malagueño

A popular Spanish cold soup made of bread, almonds and garlic

ajos

(noun) [ˈäxoˌ] garlic

ajustado/a de tiempo

(phrase) [äxusˈtädo̜ de̜ ˈtie̜mpo] short on time

Used to express that one doesn't have much time left to do something. 3

al frente de

(adverb) [äl ˈfre̜nte̜ de] in charge of

To lead, to be in command of. 21

al horno

(adjective) [äl ˈo̜rno] baked

Cooked in the oven. ... 36

aliviado/a

(adjective) [äliˈβiädo]

relieved 52

almohadón

(noun) [älmo̜äˈdo̜n]

cushion 12

almorzar

(verb) [älmo̜rˈθär] to have lunch To eat a meal at noon. 20

alrededor

(adverb) [älre̜de̜ˈdo̜r]

around 12

altavoz

(noun) [ältäˈβo̜θ] speaker

A device that converts electrical signals in sound. 4

Alza

(verb) [älˈθär] to lift 5

amanecer

(verb) [ämäne̜ˈse̜r] to dawn

.... 75

ambiente laboral

(noun) [ämˈbie̜nte̜ läβo̜ˈräl] work environment

All of the elements that affect the setting in which employees work. 36

amigable

(adjective) [ämiˈgäble]

friendly 76

amplio/a

(adjective) [ˈämplio] wide

Of a great extent, size or scope. 12

ángel

(noun) [ˈänxe̜l] charm

People are said to have ángel when they have a certain grace in their appearance and/or personality 44

animado/a

(adjective) [äniˈmädo]

cheerful 70

(adjective) [äniˈmädo] lively

.... 69

antiguo/a

(adjective) [änˈtiguo] old 11

apagar

(verb) [äpäˈgär] to turn off

.... 75

aparcar

(verb) [äpäɾˈkäɾ] to park

To leave a vehicle in a
certain location for some
time................................11

(verb) [äpäɾˈkäɾ] to park . 75

aplaudir

(verb) [äpläuˈdiɾ] to clap. 70

aprovechar

(verb) [äpɾoβeˌ'tʃäɾ] to take
advantage.......................83

apuntarse

(verb) [äpunˈtäɾse] to be up
for it

It also means to register
on a list or registry, to
enroll. 20

armario

(noun) [äɾˈmäɾio] closet

A piece of furniture with
doors, shelves and
hangers to store clothes
and other objects.........13

ascensor

(noun) [äseɲˈsoɾ] elevator

A device for moving
people from one floor to
another. 11

asiento del acompañante

(noun) [äˈsiento̞ deˌ
äkompäˈɲänte] passenger's
seat 75

asiento trasero

(noun) [äˈsiento̞ träˈseɾo]
rear seat.......................75

asignatura

(noun) [äsignäˈtuɾä] subject

Each of the subjects that
are taught in a teaching
center or are part of a
study plan. 20

asistente

(noun) [äsisˈtente] assistant,
attendee.......................83

atravesar

(verb) [äträβeˌ'säɾ] to go
through...........................5

atuendo

(noun) [äˈtuendo] outfit . 69

aturdido/a

(adjective) [ätuɾˈdido]
stunned...........................4

audiencia

(noun) [äuˈdiensiä]
audience.......................82

autopista

(noun) [äuto̞ˈpistä] highway
....................................76

autoridades locales

(noun) [äutoɾiˈdädes
lo̞ˈkäles] local authorities 83

avergonzado/a

(adjective) [äbeɾgoɲˈθädo]
embarrassed

Ashamed, feeling shame
or guilt. 6

avisar

(verb) [äβi'sär] to let know
...... 51

balcón

(noun) [bäl'koɲ] balcony

A window that goes to the floor of the room, that generally has a projecting extension with a railing. 12

baldazo

(noun) [bäl'däθo] bucket

Action of throwing someone the contents of a bucket. 77

barro

(noun) ['bäro] mud 76

bata blanca

(noun) ['bätä 'blänkä] white coat 51

batalla

(noun) [bä'täʎä] battle 76

Bibliotecología

(noun) [biblitekoloˌ'xiä] Librarianship

The science that studies the management, information technology, education, and other aspects of libraries 4

bien peinado/a

(adjective) [bien pei'nädo] well-groomed 20

billete de autobús

(noun) [bi'ʎeteˌdeˌ äutoˌ'bus] bus ticket

A document that shows that you have paid a fare to board and travel in a bus. 29

blusa

(noun) ['blusä] blouse 65

boda

(noun) ['bodä] wedding

A ceremony through which two people are united in marriage. 20

bolígrafo

(noun) [boˌ'ligräfo] pen .. 45

bolsillo

(noun) [boʎ'siʎo] pocket .. 5

bolsillo lateral

(noun) [boʎ'siʎoˌläteˌ'räl] side pocket 28

bromear

(verb) [broˌ'meäɾ] to kid

To make a joke, not to speak seriously. 35

buitre

(noun) ['buitɾe] vulture .. 83

cafetera

(noun) [käfeˌ'teɾä] coffee maker 13

cálculo

(noun) [ˈkälkulo] estimate

The same word is used to refer to kidney and gallbladder stones. 5

calle arriba

(adverb) [ˈkäʎe̯äˈribä] up the street 70

calzado

(noun) [kälˈθädo] footwear 70

cama

(noun) [ˈkämä] bed 11

camarero/a

(noun) [kämäˈreɾo] waiter/waitress

Someone's whose job is to serve at tables in a restaurant 11

cambio

(noun) [ˈkämbio] change 50

camilla

(noun) [käˈmiʎä] stretcher 51

camisa

(noun) [käˈmisä] shirt 75

caña

(noun) [ˈkäɲä] pint

Glass where beer is usually served, about half the size of a pint. 43

canoso/a

(adjective) [käˈnoso] with gray hair

Of someone, that they have a lot of gray hair. 21

cantaor/cantaora

(noun) [käntäˈoɾ] flamenco singer

Only flamenco singers are called cantaores and cantaoras. Singers of other genres are called cantantes. 63

caro/a

(adjective) [ˈkäɾo] expensive 70

carta

(noun) [ˈkäɾtä] menú

List of all the dishes and beverages offered in a restaurant, usually listed with their price. 44

casual

(adjective) [käˈsuäl] casually 20

cata de vinos

(noun) [ˈkätä de̯ ˈbinos] wine tasting 76

ceño fruncido

(noun) [ˈseɲo̯ frunˈsido] furrowed brow

A facial expression used to indicate displeasure or disapproval 20

centro de la ciudad

(noun) [ˈsentɾo̯ de̯ lä ˈsiudäd] city center 5

chaleco

(noun) [tʃä'le̞ko̞] vest 58

charlatán/charlatana

(adjective) [tʃäɾlä'tän] chatty

Someone who speaks a lot................................ 11

chaval/chavala

(noun) [tʃä'βäl] kid

Colloquial term used in Spain to call a kid or young person............... 75

chorro

(noun) ['tʃo̞ro̞] splash

Chorro actually means a stream of a liquid. However, in Spanish it's usually used to exaggerate or to talk about a constant stream of something, not necessarily a liquid. 65

cielo despejado

(noun) [si'e̞lo̞ despe̞'xädo̞] clear sky............................ 4

coche

(verb) ['ko̞tʃe̞] car

It's used both for an independent vehicle and for a train car. For the first meaning, other countries use carro or auto............................... 5

cocina

(noun) [ko̞'sinä] kitchen . 12

cocinero/a

(noun) [ko̞si'ne̞ɾo̞] cook

A person whose job is cooking and preparing food............................. 35

código urbanístico

(noun) ['ko̞digo̞ uɾbä˜nistiko̞] urban planning code 83

colgar la llamada

(verb) [ko̞l'gäɾ lä ʎä'mädä] to hang up the phone 19

comedor

(noun) [ko̞me̞'do̞ɾ] dining room 12

cómodo

(adjective) ['ko̞mo̞do̞] comfortable.................... 22

compañero/a

(noun) [ko̞mpä'ɲe̞ɾo̞] classmate 75

compañero/a de vivienda/piso

(noun) [ko̞mpä'ɲe̞ɾo̞ de̞ bi'βie̞ndä/'piso̞] roommate

Someone with whom you share a house or apartment...................... 3

complejo

(noun) [ko̞m'ple̞xo̞] complex 83

cómplice

(noun) ['ko̞mplise̞] accomplice 77

comunicador

(noun) [ko̯munikä'doɾ] intercom...........57

con demasiado aceite

(adverb) [koɲ de̯mä'siädo̯ ä'se̯i̯te̯] too oily..............36

con dificultad

(adverb) [koɲ difikul'täd] with difficulty..................51

con prisa

(adverb) [koɲ 'prisä] hurriedly...........................5

con torpeza

(adverb) [koɲ toɾ'pe̯θä] clumsily.....................64

concejal/concejala del pueblo

(noun) [koɲse̯'xäl] town councilor.......................82

conducir

(verb) [koɲdu'siɾ] to drive To control a vehicle. In other Spanish-speaking countries, they also call this action manejar........4

confianza

(noun) [koɲ'fiänθä] trust 63

consultorio

(noun) [koɲsul'toɾio̯] doctor's office................50

contagioso/a

(adjective) [koɲtä'xio̯so̯] contagious.....................76

contiguo/a

(adjective) [koɲ'tiguo̯] adjacent.....................45

contra la pared

(adverb) ['koɲträ lä pä'ɾe̯d] against the wall..............12

copa

(noun) ['kopä] glass of wine Glass to drink from with a stem and base. In Spanish, copa is the name for the glassware in which we drink wine, champagne and even some cocktails............64

cordón

(noun) [koɾ'doɲ] lace String made of fiber or thin threads used to fasten shoes................77

cordón de la acera

(noun) [koɾ'doɲ de̯ lä ä'se̯ɾä] sidewalk curb........6

cortés

(adjective) [koɾ'te̯s] polite Showing consideration for others and observance of accepted social usage. 44

criar

(verb) [kɾi'äɾ] to raise 59

croqueta de queso

(noun) [kɾo̯'ke̯tä de̯ 'ke̯so̯] cheese croquette............36

desatar

(verb) [dɛs̬äˑˈtäɾ] untie 77

descartar

(verb) [dɛs̬käɾˈtäɾ] to rule out 52

desconcertado/a

(adjective) [dɛs̬konseɾˈtädo] puzzled 76

desconocido/a

(adjective) [dɛs̬konoˈsido] unknown 19

descuento

(noun) [dɛs̬ˈkuento] discount 70

desempleado/a

(adjective) [dɛs̬empleˈädo] unemployed That has no job 36

despachar

(verb) [dɛs̬päˑˈtʃäɾ] to drop off

Used especially for luggage in the airport. ... 3

detener

(verb) [dɛteˈneɾ] to stop.... 5

diagnóstico

(noun) [diägˈnostiko] diagnosis 52

dirección

(noun) [diɾekˈsion] address

The place where a person lives or where an organization is located. .5

distrito residencial

(noun) [disˈtrito̯ residen̯ˈsiäl] residential district 82

dolor de cabeza

(noun) [do̯ˈloɾ de̯ käˈbeθä] headache 51

ducha

(noun) [ˈdutʃä] shower ... 12

echar la culpa

(verb) [e̯ˈtʃäɾ lä ˈkulpä] to blame 59

ecológico/a

(adjective) [eko̯ˈloxikä] environmentally friendly 83

edificio

(noun) [e̯diˈfisio] building 5

(noun) [e̯diˈfisio] tower .. 83

ejército

(noun) [e̯ˈxeɾsito] army .. 58

elección

(noun) [e̯lekˈsion] choice 76

empeño

(noun) [emˈpeɲo] effort . 58

empresario/a

(noun) [empɾe̯ˈsäɾio] businessperson 82

en efectivo

(adverb) [en efekˈtiβo] in cash 70

en el centro

(adverb) [en e̯l ˈsentro] in the center 12

en punto

(adverb) [eɲ ˈpunto]
o'clock

Said of an hour, exactly.

encantador/a

(adjective) [eɲkäntäˈdoɾ]
lovely Charming.

enchufar

(verb) [eɲtʃuˈfäɾ] to plug

To connect an electrical
appliance to an electrical

encima

(adverb) [eɲˈsimä] on top

encogiéndose de hombros

(verb) [eɲkoˌˈxeɾseˌ deˌ
ˈombɾos] to shrug

Gesture used to express
disinterest, ignorance or
to downplay something.

enérgico

(adjective) [eˌˈneɾxiko]
vigorous

That has energy,
energetic.

enfrente

(adverb) [eɲˈfɾente] in front

Enhorabuena

(interjection) [enoɾäˈbuenä]
Congratulations!

An interjection used to
congratulate someone. 21

enorme

(adjective) [eˌˈnoɾme] very

ensalada

(noun) [ensäˈlädä] salad . 36

entrada

(noun) [enˈträdä] ticket

entre

(adverb) [ˈentɾe] between 12

entrecortado/a

(adjective) [entɾekoɾˈtädo]
intermittent

equipado/a

(adjective) [ekiˈpädo]

equipaje

(noun) [ekiˈpäxe] luggage

Personal belongings
taken on a trip

escalera mecánica

(noun) [eskäˈleɾä
meˌˈkänikä] escalator

escaleras

(noun) [eskäˈleɾäs]
stairs

escalofríos

(noun) [eskäloˌˈfrio] chills

Sensation of cold,
generally sudden and
violent and with
shivering.

flamencos

(noun) [flä¨meŋko̞] flamingo

Besides the bird, flamenco is a style of music from the South of Spain............83

florero

(noun) [flo̞¨re̞ɾo̞] flower vase............12

frito/a

(adjective) [ˈfrito̞] fried

Cooked in hot oil or fat.
............36

fuera de presupuesto

(phrase) [ˈfue̞ɾä de̞ pre̞su̞ˈpue̞sto̞] out of the budget............70

garza

(noun) [ˈgärθä] heron.....83

gazpacho

(noun) [gäθˈpätʃo̞] gazpacho

A cold soup made of raw, blended vegetables.
............36

gripe

(noun) [ˈgripe̞] flu...........51

guay

(interjection) [guäi] cool

Used especially in Spain.
............36

guía turístico/a

(noun) [giä tuˈristiko̞] tour guide...............30

guitarrista

(noun) [gitäˈristä] guitar player...............64

habitación

(noun) [äbitäˈsio̞n] bedroom...............13

habitación para invitados

(noun) [äbitäˈsio̞n ˈpärä inbiˈtädo̞s] guest room

A room in a house especially designated for guests...............3

Hablar hasta por los codos

(verb) [äˈblär ˈästä po̞ɾ lo̞s ˈko̞do̞s] to talk someone's ear off

To talk too much........21

hacer caso

(verb) [äˈse̞ɾ ˈkäso̞] to listen

It can mean to pay someone due attention, to obey, or to agree to do something...............76

hacer señas

(verb) [äˈse̞ɾ ˈse̞ɲäs] beckon
............75

hecho/a a medida

(adjective) [ˈetʃo̞ ä me̞ˈdidä] tailored-made...............70

justo/a

(adjective) ['xusto] fair
That works according to
justice and reason........36

la mesa está servida

(phrase) [lä 'meṣä eṣtä
seɾ'βidä] the food is served
.....................................57

lágrima

(noun) ['lägɾimä] tear........3

lavabo

(noun) [lä'βäβo] sink......12

lavadora

(noun) [läβä'doɾä] washing
machine..........................13

lavandería

(noun) [läβände̞'ɾiä]
laundry room.................13

lavavajillas

(noun) [läβäβä'xiäs]
dishwasher.....................13

lechuga

(noun) [le̞'tʃugä] lettuce..36

letra

(noun) ['le̞ɾä] lyrics........64

levanta la mano

(verb) [le̞βän'täɾ lä 'mäno]
to raise a hand Action used
to call someone's attention
or signal that one wants to
speak. 83

levantar

(verb) [le̞βän'täɾ] to raise 75

levantar el pulgar

(verb) [le̞βän'täɾ e̞l pul'gäɾ]
to raise a thumb
Action used to signal
agreement or that
everything is fine. 82

levantar la vista

(verb) [le̞βän'täɾ lä 'vistä] to
look up..........................51

llegar tarde

(verb) [ʎe̞'gäɾ 'täɾde̞] to be
late.................................5

lleno/a de gente

(adjective) ['ʎe̞no̞ de̞
'xe̞nte̞] filled with people . 5

llorar

(verb) [ʎo̞'ɾäɾ] to cry........3

luminoso/a

(adjective) [lumi'noṣo]
bright.............................12

majo/a

(adjective) ['mäxo] nice
Used mainly in Spain to say
that someone is nice, cool
or pleasant. 59

maleta

(noun) [mä'le̞ɾä] suitcase
In other countries, it's
called valija...................4

maletín

(adjective) [mäle̞'tin]
briefcase 20

ordenado/a

(adjective) [oɾdeˌˈnädo] tidy

ordenador

(noun) [oɾdeɲäˈdoɾ]

paella

(noun) [päˈeʎä] paella

A dish made with round-grain rice, green beans, rabbit, chicken, and duck.

pálido/a

(adjective) [ˈpälido]

palpar

(verb) [pälˈpäɾ] to feel

To touch something with one's hands with the aim of perceiving it or recognizing it.

pan

(noun) [pän] bread

panceta

(noun) [pänˈseṭä] bacon .

panel solar

(noun) [päˈne̤l soˌˈläɾ] solar panel Plate that gathers solar energy to lead it to an electrical energy converter.

pantalla del teléfono

(noun) [pänˈtäʎä de̤l te̤ˈle̤fo̤no] phone's screen

pantalón

(noun) [päntäˈlo̤n] trousers

pantalón corto

(noun) [päntäˈlo̤n ˈko̤ɾto] pair of shorts

pantalón de mezclilla

(noun) [päntäˈlo̤n de̤ me̤θˈkliʎä] jeans

In Spain people call "denim" mezclilla.

par de calcetines

(noun) [päɾ de̤ kälse̤ˈtine̤s] pair of socks

parada

(noun) [päˈɾädä] stop

The act of stopping, and also the place where someone or something (like a bus) usually stops.

pariente

(noun) [päˈɾie̤nte] relative

parlante

(noun) [päɾˈläte] speakers

pasaje

(noun) [päˈsäxe] ticket

A document that shows that you have paid a fare to board a means of transport.

pasar hambre

(verb) [pä'sär 'ämbre] to starve

To suffer from lack of food, used literally but mostly metaphorically. 35

pasatiempo

(noun) [päsä'tiempo] hobby............................. 12

pasear

(verb) [päse̞'är] to walk around.............................. 28

pasillo

(noun) [pä'siʎo] corridor 13

perder contacto

(verb) [peɾ'deɾ kon'täkto] to loose contact.............. 20

periodista

(noun) [peɾio̞'distä] journalist......................... 82

Permiso

(phrase) [peɾ'miso] Excuse me

Expression used to ask for permission or authorization to enter or leave a place, pass through, use something or do something.......... 51

personal

(noun) [peɾso̞'näl] staff

The group of people who work in the same organization................. 43

pesadísimo/a

(adjective) [pe̞sä'disimo] really heavy

It's the adjective pesado/a plus the suffix -ísimo, which makes it a superlative.................... 6

pesado/a

(adjective) [pe̞'sädo] heavy 52

pescado

(noun) [pe̞s'kädo] fish.... 36

pimiento

(noun) [pi'miento] pepper 36

piso

['piso] apartment

Especially in Spain. In other Spanish-speaking countries they call it apartamento or departamento................ 3

pistolas de agua

(noun) [pis'toɹä'de̞ 'äguä] water gun...................... 76

planta

(noun) ['pläntä] storey.... 83

In a building, each floor or level. 5

platillo

(noun) [plä'tiʎo] dish 44

población

(noun) [po̞blä˙sion] population...................... 82

140

polígono industrial

(noun) [po̯ˈliɣo̯no̯ indusˈtɾia̍l] industrial estate

Zones destined solely to industrial businesses where one can easily access resources. 82

porciones

(noun) [po̯ɾˈsio̯n] serving 58

precio

(noun) [ˈpɾe̯sio̯] price 70

Precioso/a

(adjective) [pɾe̯ˈsio̯so̯] beautiful 21

prendas

(noun) [ˈpɾe̯nda̍] item of clothing 69

preocupado/a

(adjective) [pɾe̯o̯kuˈpädo̯] worried 22

primera fila

(noun) [pɾiˈme̯ɾä ˈfilä] front-row 65

primo/a

(noun) [ˈpɾimo̯] cousin ... 58

principio

(noun) [pɾinˈsipio̯] beginning 50

probador

(noun) [pɾo̯βäˈdo̯ɾ] fitting room 69

próximo/a

(adjective) [ˈpɾo̯ksimo̯] next 20

proyecto urbanístico

(noun) [pɾo̯ˈje̯kto̯ uɾβäˈnistiko̯] urban project 82

público

(noun) [ˈpuβliko̯] audience 82

puerta de calle

(noun) [ˈpue̯ɾtä de̯ ˈkäʎe̯] front door 57

pulcro/a

(adjective) [ˈpulkɾo̯] smart

Neat, good-looking. 20

quedar con

(verb) [ke̯ˈdäɾ ko̯n] to arrange to meet 30

receloso/a

(adjective) [re̯se̯ˈlo̯so̯] wary

Suspicious, distrustful. 42

reconocer

(verb) [re̯ko̯no̯ˈse̯ʃ] to recognize 20

recorrer

(verb) [re̯ko̯ˈre̯ʃ] to explore 28

reducir

(verb) [re̯duˈsiɾ] to reduce 83

refinado/a

(adjective) [re̯fiˈnädo̯] sophisticated 45

reloj

(noun) [re̯ˈlo̯x] watch

Here's another book by Lingo Publishing that you might like

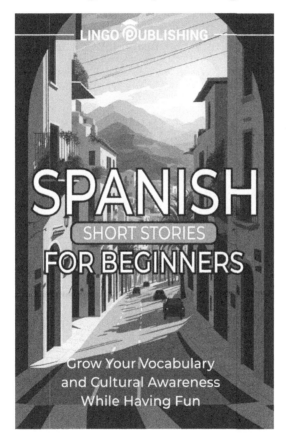

Free Bonuses from Cecilia Melero

Hi Spanish Learners!

My name is Cecilia Melero, and first off, I want to THANK YOU for reading my book.

Now you have a chance to join my exclusive Spanish language learning email list so you can get the ebooks below for free as well as the potential to get more Spanish books for free! Simply click the link below to join.

P.S. Remember that it's 100% free to join the list.

Access your free bonuses here:

https://livetolearn.lpages.co/intermediate-spanish-short-stories-paperback/

Made in the USA
Las Vegas, NV
19 January 2024

84604907R00085